世界500强 HR 人生管理笔记

宋文艳 著

当代中国出版社
Contemporary China Publishing House

2019年·北京

图书在版编目(CIP)数据

世界 500 强 HR 人生管理笔记 / 宋文艳著 . -- 北京：当代中国出版社，2019.5
ISBN 978-7-5154-0919-1

Ⅰ . ①世… Ⅱ . ①宋… Ⅲ . ①职业选择 Ⅳ . ① C913.2

中国版本图书馆 CIP 数据核字（2019）第 058086 号

出 版 人	曹宏举
策划编辑	陈　莎
策划支持	华夏智库·张　杰
责任编辑	陈　莎
责任校对	康　莹
出版统筹	周海霞
封面设计	回归线视觉传达
出版发行	当代中国出版社
地　　址	北京市地安门西大街旌勇里 8 号
网　　址	http://www.ddzg.net　邮箱：ddzgcbs@sina.com
邮政编码	100009
编 辑 部	（010）66572264　66572154　66572132　66572180
市 场 部	（010）66572281　66572161　66572157　83221785
印　　刷	三河市兴达印务有限公司
开　　本	710 毫米 ×1000 毫米　1/16
印　　张	13.5 印张　200 千字
版　　次	2019 年 5 月第 1 版
印　　次	2019 年 5 月第 1 次印刷
定　　价	59.00 元

版权所有，翻版必究；如有印装质量问题，请拨打（010）66572159 转出版部。

前 言

你觉得自己的人生使命是什么

当一个人长大成人，也就开始了独自一人面对生活。

1997年，大学毕业三年后，我有幸入职飞利浦公司。当年参加了美国版权课"高效能人士的七个习惯"，那节课对我这个24岁的年轻人启发巨大。2007年，我在北京学习美国"全球职业规划师GCDF"认证课程，课堂中做练习，导师问每一位在场的同学：你觉得自己的人生使命是什么？

我的人生使命之一就是帮助18—35岁的年轻人，尽早了解和学习"职业生涯规划、人生战略规划"知识和技能，像我一样在24岁时就确定职业目标、人生阶段目标，制定学习成长地图，制定人生战略地图，然后踏踏实实地一步一步执行、实践。这样的话，20年后就可以达成一个个小目标和大目标、小梦想和大梦想，做到工作和生活的动态平衡，就可以早日实现人生终极目标——时间自由、财务自由、心灵自由！

我以此为我的人生使命！

2019年，距那两次的培训课程分别过去了12年和22年，我也有了25年的职场经验和46年的人生体验，于是，这本书出现了。本书提供了很多工具和方法，帮你梳理已经拥有的梦想，并以此为基础实现人生的目标。让我告诉你，在生活中取得成功需要哪些要素：首先，你必须要有梦想；其次，你必须要有积极的心态；最后，也是最重要的，你必须有正确的工具和方法来让梦想成真。这是一本讲梦想和如何实现梦想的书，同时，它更是一本讲工作、生活、学习人生三件大事动态平衡的书。

写书,是我的梦想之一,在我30岁时,就将写书写到了我的"人生梦想清单"上。古人说将"立德、立功、立言"当作"三不朽"。要出书立著,个人的德行排在首位,并不仅仅是你的书的辞藻文采,更重要的是能够给同代和后代树立一个榜样,希望看到此书的人,能从我的书中获得新的思路。要知道,这个世界上找不到完全相同的两片叶子,每个人都是独立的个体,没法复制,但你可以做更好的自己。踩在我的肩膀上去探索你自己的美好人生,是我写书给你看的初心。

在中国众多畅销的职业规划、职场发展、生涯规划、人生规划的书中,"鸡汤"多、营养少。在市面上已经有的同类读物中,谈Why(为什么)的多,谈How(如何做)的少。经过时间检验的简单方法才值得推广;只有被验证过的成功经验才真正有价值。我在自己25年的学习和实践中,不断地在工作、生活和学习领域检验着我听到的、学到的无数人生道理,现在有了一些心得,分享给大家。

2008年,我在武汉开始做"一对一职业生涯规划咨询"和"团体咨询",至今已有11年时间,个案累积大约800个。这11年来,有太多的年轻人渴望我解答他们的职业生涯困惑、人生困惑的问题。其实,这些问题根本无法一句两句就能给出标准答案,而且即使我给了答案,解答了一时的困惑,也帮不了做出一世的选择,因为迷茫、困惑、焦虑和厌倦会一直伴随人的一生,至少在下面五个人生节点,每个人百分之百都会遇到重大的人生决策,有时,错一步则错十年。

我把这五个人生节点划分为五个人生阶段:第一个阶段是职业定位期;第二个阶段是职业适应期;第三个阶段是职业发展期;第四个阶段是职业转型期;第五个阶段是生涯平衡期。

所以,你需要像我一样,成长为自己的职业生涯规划师、人生管理战略规划师。不过,你的运气比我好,你不用像我一样,再花25年时间、再花我当初花的10万元去全国各地求学上课。当你无意间知道这本书、买了这本

书,就已经在"人生"的这趟列车上,坐到了我的这节车厢里。这是你的机遇和幸运!同时也是我的机遇和幸运!

每个人的成长都需要专业知识能力、实践操作能力和自我管理能力。专业知识能力是我们分析问题的前提,是入行从事某项工作的基础;实践操作能力是我们解决问题的核心;自我管理能力决定了我们能否在一个领域取得长足的发展,包括积极的人生观、随时的自我觉察、终身学习的理念等。其中"职业生涯规划、人生管理战略规划"能力,已经成为职场人必备的生存性技能,人人必学!

我发现周围好多人的"幸福梦想"很多都有相同点,他们打算退休或在财务自由以后去"环游世界"或"开个咖啡馆"等,因此,他们常常这样想:"等我有钱了,我就……""等我有时间了,我就……"以前我也是这样的思维方式,后来,生活给我上了许多生动的课,让我重新认识了自己和这个世界。幸福的人和不幸福的人,其差别往往在于思维和行为模式的不同。虽然目前我还没有完全达到财务自由的目标,但我已经一边努力工作赚钱,一边环游了世界上50个国家和地区,其中包括南极、北极、珠峰大本营,还开过两家咖啡厅,实现了无数人的小梦想。

接下来说明一下:我的书写给谁看?

第一,目前正遇到职业困惑的人。本书通过一个简单的、逻辑清晰的"职业生涯规划五步曲",教你做职业世界的探索、自我探索,如兴趣、能力、价值观探索等,确定你的职业定位,找到你真正的工作动力,然后确定下一步的职业选择,以解决你的工作倦怠。

第二,目前正陷于人生某阶段迷茫困惑中的人。每个人在面临重大人生抉择时,无论是工作和生活平衡的选择,还是就业、创业的选择;无论是开始或者结束一段感情的选择,还是生不生二孩、做不做全职妈妈的选择。这些都很容易让我们陷于迷茫困惑之中。事实上,人生就是无数次选择的叠加!今天的生活就是由几年前我们的选择决定的,而今天我们的选择将决定我们几年后的生活!

第三，对未来有期许的人，还有梦想要实现的人，不想这么年轻就放弃自己的人，想为自己活的人，想按自己的意愿过一生的人。

第四，我的书还写给这些人看：HR（人力资源）、企业中高管、创业者、老板们。当今时代，不懂职业生涯规划的HR，如何选人、用人、育人、留人？不懂职业生涯规划的中高管和老板们，如何给员工谈人生、谈理想？

第五，为人父母者，本书有助于你发掘你的孩子与众不同的天赋潜能，帮助你成为孩子人生中第一位职业导师、人生导师。如果你是一名小学生、中学生、大学生的父母，这本书也特别适合你看。

我希望你看完我的书能达到以下两个目的：第一，看完书，先解决自己（或者你的孩子）目前职业生涯上（或学习规划上）的选择困惑；第二，掌握一套终生适用的职业生涯规划科学理念、技巧、工具和方法，未来可以做自己和孩子的职业生涯规划、人生管理战略规划师，在人生的每一个关键节点做出对的选择。

接下来介绍一下这本书的逻辑和特点。

第一章总结了我线下11年职业生涯咨询个案的典型案例，从现象看本质，指出为什么大家迷茫？分析了教育体制、执念，中国人欠缺的独立思考和决策能力等原因，提出"人生需要战略规划"的观点并强调其必要性。

第二章是我经过46年思考人生、实践人生，检验过的科学的人生管理理念，提出我研发总结的一个人生战略管理工具——人生平衡计分卡以及这个工具背后的科学理念。

第三章给了你们一个落地工具和方法，它源于我25年学习和实践全球生涯大师的经典理论，本土化研究出一套更适合中国年轻职场人的生涯实践体系。我设计的"职业生涯规划五步曲"，只需五步，就能帮助一个普通人，既解决此时的职业生涯迷茫困惑，还能进行未来5年、10年的人生管理战略规划。

第四章是从一个人上学、少年到青年，再到职场人，以时间为轴，结合我11年线下一对一职业生涯规划咨询的典型案例，就工作、生活、学习、

人际关系最常见的迷茫困惑,提出解决思路,供你参考。

本书不仅仅是一本励志的书、人生管理战略规划的书,同时也是一个活生生的、和你一样的普通人,在人生不同阶段,迷茫、困惑、探索、思考、反省和总结。书中有我独立的观点和实际方法论的内容。

为什么听过无数人生道理,你还是过不好自己的人生?我认为,对于工作和生活的基本问题,其实并不存在所谓的特效药和快速解决的方法,所以思考的过程比思考的结论对我们的人生更有价值。如果我在这里宣传,你只要按照我说的那样去做,复制我做过的决定,你就可以过上幸福的生活,那么我写这本书就是做蠢事了。因此,要多思考、多看故事背后的逻辑关系,这要求做到两点:一是注意看,什么事情能导致什么事情发生以及为什么会这样;二是看方法,看提炼出来的规律。总之,要知道一个真理,因为一切目标的实现自有其遵循的定律。我相信,书中内容包括有些章节中所附的练习都可以帮助你提高自己思考的敏锐度,能够让你审视并改善自己的工作和生活。我不承诺这本书会给你带来任何简单的答案,你需要自己全力以赴才能找到答案。我花了20余载才找到解答,但这也是我生命中最值得付出的努力。我的收获颇丰,希望你也如此!

对于写好这本书,我还是很自信的。

首先,我是中国第一批外企人力资源经理(1995年入行,曾经在百事、飞利浦、沃尔玛三家跨国公司工作,从HR"小白"做到HR经理),12年一线外企HR的实战经验,加上12年线下人力资源培训经验,已经完成线下培训HR学员18000人,引领1万"小白"入行从事HR工作;同时还有12年线下一对一"职业咨询"和"生涯咨询"经验,已经帮助800人解决职业和人生困惑。25年人力资源、职业生涯规划一线从业和一线教学经验,我给自己定位是我要做中国最好的HR入门导师和生涯规划导师。

其次,我的自信源于我的个人成就:其一,22岁时机缘巧合,找到了符合自己职业兴趣、能力和价值观的完美工作——人力资源管理工作,然后坚持24年的学习、实践、沉淀,从一名"小白"成长为一名优秀的HR职业经理人，再成长为专业的人力资源讲师和职业生涯规划咨询师，实现了自己的职业理想和职业价值。其二，经过 20 余年的努力奋斗和摸索实践"生涯规划、人生战略规划"，实现了我 24 岁时给自己定的"人生战略规划"目标，过上了我自己最想过的生活，工作和生活达到平衡，十分幸福圆满。其三，奉行"边奋斗、边享受"的人生价值观，一边工作赚钱，一边环游世界，从 2009 年起出国旅行，到 2018 年止已经环游了世界上 50 个国家和地区，包括南极、北极和 5200 米的珠峰大本营，实现了小时候的梦想。其四，20 余年学习和实践全球生涯大师的经典理论，本土化研究出一套更适合中国年轻职场人的生涯实践体系，设计了"职业生涯规划五步曲"，能帮助更多普通人，实用落地。

这本书是我多年的思考和实践的结晶，希望本书能够开拓你的眼界，让你有所感悟。我是一个积极向上、热爱生活的人，也希望自己能够影响别人也积极向上一点，每当发现有些人只是想停留在现状的时候，我的心里总有些难过。殊不知人生很短暂，人生也特别美好，一个人生活的目标不应该以世俗的成就为标准，而应该在生活与行为上把自我实现到极致！

这是我写这本书真正的初心，就这么简单！这本书是我自己学习、思考还有实践的结晶，它包含了成长故事、建议，用经历说话，用事实说话，实战经验分享，绝对干货！我的文笔也许不够优美，用词不够讲究，但它的确是一本充满真心诚意的书、有用的书！

比起已经发生了什么，如何看待和应对生活中的各种经历也许更加重要。预测未来最好的方法，就是从今天开始做一些不同的事儿。是的，你今天就应该打开这本书，并准备阅读和思考。

如果你还年轻，这本书将引导你认真规划一生，书中的方法和工具，可以帮助你在人生不同阶段对自己的过去、现在和未来有一个重新审视、评估的机会。

如果你已步入中年，希望这本书可以让你反思过去，开创更美好的未来。

目录

第一章 谁的人生不迷茫

第一节 人生五个阶段的迷茫困惑,你百分之百会遇到 / 2

一、无法避开的人生迷茫困惑 / 2

二、人生五个阶段的迷茫困惑 / 2

第二节 你为什么会迷茫 / 5

一、教育体制的影响 / 5

二、陷入执念 / 10

三、独立思考能力、决策能力和行动能力太差 / 19

四、人生不迷茫的正确解决之道 / 21

第三节 我的人生迷茫和人生上半场答卷 / 23

一、我经历的三个迷茫期 / 23

二、我的人生上半场答卷 / 24

三、迷茫困惑时,最需要了解自己 / 26

第二章 用战略思维管理人生

第一节 人生战略管理工具——人生平衡计分卡 / 30

一、人生战略管理理念 / 30

二、人生平衡计分卡及其应用 / 32

第二节 生命的意义和人生信仰 / 34

一、认清生活的真相 / 34

二、找寻活着的意义 / 37

第三节 真正激励你的是什么 / 42

一、激励源于内在的动力 / 42

二、体验与幸福感的激励作用 / 42

第四节 变化比计划快，还能规划吗 / 43

一、变化是"无常"，应变之道则是"常" / 43

二、立足现在，着眼未来 / 44

第五节 职场与人生都充满必然性和偶然性 / 45

一、人生本质上都充满不确定性 / 45

二、拥抱偶然，善用机缘 / 46

第六节 人生是分阶段实现职业和人生目标的 / 48

一、人的动机是由人的需求决定的 / 48

二、我的马斯洛需求层次规划 / 49

第七节 人生角色全局观 / 54

一、人生需要扮演10种角色 / 54

二、人生十角色的巅峰体验 / 55

三、我所扮演的人生角色 / 85

第八节 人生动态平衡观 / 88

一、动态平衡工具——平衡轮练习方法 / 88

二、制订自己的"行动计划" / 89

第九节 高效能的人生实践 / 90

一、培养高效能人士的习惯 / 90

二、极简主义——化繁为简 / 91

三、把时间花在值得做的事和值得相处的人上 / 96

　　四、控制欲望，不要被环境所左右 / 97

　　五、在实践中反思、复盘，积累智慧 / 98

　　六、创建社群，监督和配合以达成目标 / 100

　　七、不要焦虑，不要急躁 / 100

第三章　落地工具——职业生涯规划五步曲

第一节　第一步：制订人生管理战略目标和阶段性目标 / 104

　　一、你的人生目标是什么 / 104

　　二、如何制订人生管理战略目标 / 105

　　三、成功者几乎都有"人生梦想清单" / 112

第二节　第二步：探索职业世界——职业的真理，了解行业、职业、企业、岗位 / 119

　　一、关于"职业"的真理和正确理念 / 119

　　二、如何了解行业、职业、企业、岗位 / 123

第三节　第三步：探索自我——职业兴趣、职业价值观、性格、能力、天赋 / 134

　　一、探索职业兴趣，找到自己真正的职业偏好 / 134

　　二、探索职业价值观，锚定职业发展目标 / 139

　　三、探索性格，让你的工作得心应手 / 142

　　四、探索能力，确定职业发展的空间和广度 / 143

　　五、探索天赋，可以事半功倍、助力协作、更加自信 / 147

第四节　第四步：你的职业决策和职业定位 / 151

　　一、决策的原则：自己作决定 / 151

　　二、决策能力工具：清单、套路 / 152

　　三、影响职业生涯选择的五个重要因素 / 154

　　四、"生涯决策的七步曲"与实例展示 / 157

　　五、做出正确决策的方法 / 158

六、确定你的职业定位 / 163

第五节　第五步：目标设定、行动计划和求职规划 / 165

一、目标设定与行动计划 / 165

二、认真思考和准备你的求职规划 / 169

三、在工作中发展和提升职业技能 / 174

第四章　人生智慧——常见生涯规划困惑

第一节　青少年的职业生涯规划 / 178

一、教育的真正终点 / 178

二、留学生的职业生涯规划 / 181

三、大学生的生涯规划 / 187

第二节　女性的职业生涯规划 / 196

一、职场女白领生孩子和升职的困惑 / 196

二、"职场妈妈重出江湖"计划 / 196

第二节　职场人的职业生涯规划 / 199

一、工作倦怠，如何重拾工作激情 / 199

二、是继续做职业经理人还是出来创业 / 199

三、人生最重要的就是经历和体验 / 200

后　记 / 202

致　谢 / 203

第一章
谁的人生不迷茫

　　每个人在人生的不同阶段都有不同的困惑,诸如学业困惑、职业困惑、生涯困惑等,这些困惑、迷茫会伴随你一生。在本章中,我将分别解析人生五个阶段的迷茫困惑,并结合自己的经历提出我的一些建议。

第一节　人生五个阶段的迷茫困惑，你百分之百会遇到

一、无法避开的人生迷茫困惑

我是从2008年开始做线下的一对一职业生涯咨询的，一晃11年过去了，把几百个迷茫困惑的个案放在一起，发现下列七个问题反映了大部分职场人遇到的迷茫困惑。请你对照下面所列，看看自己有没有同样的问题？

问题一：毕业了，选择何种行业？要不要中途转行？

问题二：选择哪一种岗位或工作？要不要中途换一个岗位或工作？

问题三：在一个有限的时间里，从数个不同的工作机会中选择其一，你会怎么选？

问题四：如何选择工作城市？一线城市、二线省会城市，或者回县城老家？

问题五：个人的工作风格与什么样的企业文化类型匹配？是国企、外企、民企，还是公务员？

问题六：选择职业生涯目标？是创业，还是一直做职业经理人？或者选择自由职业？

问题七：如何选择跳槽和跳槽时机？（跳不跳？现在、明年或两年后？）

可能不久的将来（下周、下月或明年）你也会遇到必须要做的关于学业、职业、生活上的重大决策。是不是也心慌，生怕做错一个选择耽误自己未来10年的发展和前程？

二、人生五个阶段的迷茫困惑

事实上，人生的每个阶段都有可能面临困惑。我在总结了11年的800多个

咨询案例后，把人生分成五个阶段。这五个阶段遇到的问题的侧重点也不同。

人生第一个阶段：职业定位期（18—25岁）

职业定位指的是人们在工作之前思考到底什么样的工作适合自己，到底自己应该找什么样的工作。甚至在上大学选专业的时候，他们也会考虑这样的问题。人们在刚准备进入职场时，往往处于这种迷茫状态，不知道自己适合什么。

很多年轻人常常问咨询师的问题是高考3+3怎么选？高中毕业考哪所大学？选择哪个城市的大学？选择哪个专业？要不要出国留学？去哪个国家？读完书回国还是移民？回国的话回哪个城市就业？是去"北上广深"还是回老家？找什么样的工作？找不到怎么办？大学专业不喜欢怎么办？找工作不顺，父母让我考公务员、老师让我考研，听他们的话还是听自己内心的声音？刚毕业，待在一家小公司，公司好烂，工作无前途，难道我这一生就废了？

人生第二个阶段：职业适应期（22—28岁）

职业适应，经常出现在职业初期，因为对职业的不了解造成了自身能力低下，绩效不高，所以就有很多的抱怨，自己又不知道怎么才能做好。很多人在这个时候通常会出现这样的想法：算了，还是换一份工作吧！其实这不一定是职业定位没有做好，而是他们初涉职场不适应。

常见的现象是职业定位不知道对不对，东跳跳、西跳跳，在单位待着就是不舒服，老觉得自己大材小用、屈才，为啥领导看我不顺眼，一直挑我毛病？隔壁部门那谁谁谁好讨厌等。

人生第三个阶段：职业发展期（25—35岁）

职业发展指的是一个人如果完成职业适应，已经在自己的岗位上做得很好，这时他需要激活自己的动力，在职场中持续发展。在这个阶段，他们常常会有这样的疑问：我这样做对不对？这么累值不值？这个时候他们会伴有情绪波动，同时会遇到自己的职业"瓶颈"，不知道怎么突破。

常见的现象有不知道要不要跳槽？转型？进修？换行业？女生困惑是生孩子还是升职？

还有一类来找我们做咨询的人群来自国企、机关事业单位，他们看似有稳定的工作，但面对外面职场世界的五彩斑斓，纠结要不要放弃这份"鸡肋"的工作。此阶段还是大龄剩男剩女的阶段，成家和工作有冲突？如何找对象？爱情婚姻的不顺也直接影响了工作心情和表现。

还有一种现象，本来以为早点生孩子可以好好工作，计划生育政策放开后，又要考虑是否生二孩？生孩子又耽误职场两年，而且两个孩子的抚养和成长需要妈妈投入大量时间精力，这是女人想要的生活吗？生完二孩后，还能回职场工作吗？工作和生活如何平衡？

人生第四个阶段：职业转型期（32—42岁）

职业转型指的是在职业中已经做得非常不错了，但是现在又有新的机会。有些人已经在职场上积累了一定的能力，还有一定的资源和平台，因此希望自己有更多的突破和找到自己的方向。他们常常会选择换一个行业、换一个岗位，或者换一个公司，或者要不要出来创业！

常见的现象有面临职业"瓶颈"是转型？还是突破？是职业再定位还是自主创业，还是做自由职业？另外还有职业倦怠的现象，做一行厌一行，早上不想起床去上班，每天上班的心情跟上坟的心情一样，干啥都提不起劲儿。如果对本职工作一点儿也不热爱，工作完全找不到成就感和价值感，感觉有点虚度光阴，但到了这个年纪，真敢辞职离开"舒适区"吗？职业中后期职业发生重大变故怎么办？职业还有其他新的尝试吗？

人生第五个阶段：生涯平衡期（38—50岁）

随着个人年龄的增加，可能职位上已经做到了高层，但除了做好自己繁重的领导性工作，家里上有老下有小，如何保持好工作和生活的平衡，维持自己职业发展稳定的同时拥有生活品质，感受到幸福？

常见的现象是企业中高层，天天加班，没空陪老婆孩子；父母日渐老去，也没空陪伴和照顾家人。工作好像越发找不到成就感，发际线一直往上升，身体状况却每况愈下，力不从心。一旦工作压力大了，女职员就得牺牲家庭，孩子老公就会有意见。那么要如何努力，才能实现财务自由、时间自由、心灵自由呢？

大部分人的职业生涯都会经历上述五个阶段，从不知道自己想要干什么，到不适应自己的工作，到不能拔尖，到转型的时候出现恐惧，甚至有人在工作上非常努力但生活无法获得幸福。这些就像挡在我们职业发展中的一道道坎，也是一个人职业生涯发展必经的过程。当我们把这些总结出来，就能帮助大家在碰到这些问题之前早做准备，积攒力量，从而不被未知的恐惧所吓倒。

任何一个人都会经历上面这五个阶段，我本人经历了前三个阶段的迷茫，我会用自己的故事当案例，给你一些启发，帮助你思考。这就是我在下一节将要讲到的。

第二节　你为什么会迷茫

一、教育体制的影响

我认为，教育体制是造成人生迷茫的一个重要原因。这一点从中外人才培养的对比中就可以看出，如下表所示。

中外人才培养对比表

教育阶段 中外对比	幼儿园	小学	中学	大学
欧美人才	生活管理			
中国人才	读书考试			
欧美人才		环境探索		
中国人才		读书考试		
欧美人才			梦想找寻、生涯抉择	
中国人才			读书考试	
欧美人才				实务能力培养
中国人才				生活管理、环境探索、梦想找寻、生涯抉择、实务能力培养、读书考试

通过上表的对比，你知道为什么迷茫困惑了吧？

我去国外旅行时，每一次都能看到国外的小学生、中学生在博物馆上历史课、在美术馆上美术课、在公园上体育课、在市政厅上政治课。我看过黄天中博士主编的幼儿园的职业生涯课程的教材《生涯规划——体验式学习》，这本教材分成四个单元：第一单元主题叫"生命"，这一单元内容有镜子里的我、再见，敬爱的爷爷、动物园里面有朋友等；第二单元主题叫"生存"，这一单元内容有我帮妈妈做家务、牵着大手过马路等；第三单元主题叫"生活"，这一单元内容有我的零用钱、不用一次性筷子、买票要排队、和小朋友一起玩玩具等；第四单元主题叫"生涯"，这一单元内容有爸爸妈妈的工作、编织幼儿园的记忆、我喜欢上学、火车站人真多、飞机场好大、博物馆里文物多等。

小学版的职业生涯教材，里面第四单元主题叫"生涯"，内容有个性特征、自信心与个性、思维能力训练、创意能力培养、认识职业、我的计划书、职业体验等。

是不是不明觉厉？小学生的教材呀！好希望中国的小朋友能从小就有自我认知的学习机会！

教育的目的难道是"考试考高分"吗？教育的目的难道不是"培养每个人探索世界的能力"？从小学到大学，我们听得最多的一直就是四个字：读书考试——好好读书，考个好初中；好好读书，考个好高中；好好读书，考个好大学。然后，无数"学霸"考上好大学就迷失了，人生突然没有了目标。

因为是人力资源及社会保障局就业导师的原因，我每年都被邀请去中国各类大学，去"985""211"，也去职业技术学院等给同学们做讲座，所以在这方面感触特别大，大学生都好迷茫。每次讲座完，我都被几十个上百个学生围住问问题。在大学四年，他们要把读书考试、生活管理、环境探索、梦想找寻、生涯抉择、实务能力等全部搞定，社会这么浮躁，校园这么学术，

他们迷茫的时候不知道找谁去问问题，好多辅导员和老师们都是一路读书留校，真实的职场究竟是什么样，老师们也不知道，何谈就业指导！

中国的教育真应该向国外学习，如芬兰的小学、初中、高中都有一个正课叫"职业规划教育"。我们成年人终生都在寻找职业的意义、规划自己的人生，而芬兰的小孩子早就开始了探索之路。芬兰的高中生在高考选科之前，已经系统接受了六年的在校职业规划教育，他们清楚自己职业方向的选择，他们在小学阶段重在培养兴趣、职业启蒙、作决定的能力；在中学开设职业和创业素养的必修课，重在自我认知、职业体验和未来职业规划；到了高中有自由选课制度，孩子们在初中毕业，考虑是进职业高中还是普通高中就读。与中国不同的是，这两种高中在芬兰有同等地位，每年几乎对半的学生分别进入这两种高中，读普通高中的这 50% 年轻人高考选的专业，基本上就是他们四年后的就业方向。

20 世纪 70 年代，在舒伯理论思想的指引下，美国开始了轰轰烈烈的现代职业生涯教育运动。70 年代初，美国总统尼克松宣布，生涯教育成为"由政府创办的一种最有前途的教育事业"。70 年代中期，美国国会通过了《生涯教育法案》，它是全国各级学校开展职业生涯教育的法律依据。舒伯的理论思想和技术体系得到美国国家层面的大力推广，并影响了世界各国。日本专家藤本喜八是舒伯最得意的门生之一，在藤本先生的大力推动下，舒伯的思想及其一整套技法在日本文部省得到系统地落地。从小学到大学直到产业领域，这套体系被广泛而深入地实践着。

职业生涯规划很重要。职业规划理论源于欧美发达国家，是作为教育体系一部分存在的，从幼儿园、小学开始就有了职业体验课程。另外，还有商业的"职业生涯规划工作室"和"职业生涯规划公司"作为教育体系的补充。在国外，职业生涯规划是基于教育模式服务于群体，但不是服务于个人，至上而下，通过老师、企业、社会，从小学开始，在整个教育过程中，对大群体进行长时间引导，培养他们的探索与分析能力，协助个体进行自我分类。重视的是整体的分化过程，并不导向个体的具体结果。

中国的职业规划咨询是基于个体的服务,因此源于欧美发达国家的职业规划模式并不适合中国的国情,中国的教育模式与职业是脱节的,学业与专业的不对口以及就业机会的缺失,使得在中国职业规划往往是进入大学之后才真正开始职业方向的探索过程。

看到这,你是不是更清楚地知道你为什么迷茫了?不是你的错,但从现在起,继续不重视职业规划,那就是你的错了。

中国的教育问题这20年来被有识之士谈论特别多。我在外企做了12年招聘经理,天天跟大学毕业生和求职者打交道,后来又做了线下生涯规划培训和一对一咨询。在一线时间长了,感触特别深,大学生们太迷茫了、初入职场的年轻人太迷茫了。

我经常和教育同行、生涯规划师同行一起探讨,我个人有一些想法,我先表达出来,抛砖引玉,希望能让更优秀的人看到、让有识之士看到。

以下是来自一个一线生涯教育工作者的心声,主题是"如何解决现在的一些教育问题"。

第一,出台一部中国的《生涯教育法案》,最关键的一点就是把"生涯教育"体系建立起来,将其提到一个"国策"的高度。

第二,在每所师范大学开设"生涯"课程师资班,定向培养老师,在每所中小学和大学开设每周2—4次的职业生涯课程,并且不要是副课,不要是选修课,而是作为教育体系的一部分。

每所中小学,通过社会招聘渠道,招聘有职场经验的"生涯课程"讲师和大学毕业后分配过来的师范大学生一起担任课程研发和讲授工作。芬兰、日本、美国等都有非常成熟的课程体系,我们在这些成熟的课程体系基础之上研发符合中国国情的一套课程体系。如果小学、中学,特别是初三和高一阶段就开设了职业生涯规划课程,那么这些孩子在高二时就已经非常清楚自己未来是走学术研究还是走实操应用就业的路线,在高二选专业和大学时,已经可用"以终为始"的理念进行规划。早点做规划的好处就是不浪费时

间、不浪费金钱、不浪费资源，每一位家长可从小学起到高一都和自己孩子一同面对、一同思考，提前规划。

第三，国家开放私立初中、私立高中、私立大学办学限制，鼓励民间办学，市场化运作。像美国、加拿大、英国一样，私立学校是精英教育，公立水平也很高，是普及性教育。好处就是，"高考"不再是独木桥，优秀的私立高中和私立大学自主招生，看重"软技能""素质＋品质"。

第四，通过社会渠道招聘各行各业在职场上有20年以上资深从业经验的一线职业经理人去大学担任就业指导老师和专业与职业衔接课的授课老师。

第五，把现在中国的大学分成两大类，一类是纯学术研究的，一类是和就业接轨的。第二类的大学里，每个院系都对外聘用具有20年以上经验的职业经理人讲师，这批人都有名企背景，有真正实战经验，他们中有许多人有育人助人情结，非常愿意转换自己的职业到大学教书育人。

第六，修改现在的本科的学习年限，学术型的还是4年、应用型的改为3年，取消大专。把现在的研究生也改成学术型的和应用型的，比例是"三七开"。开展更多在职硕士学位科目，鼓励上"应用型本科"的学生毕业就业后再来修在职的硕士学位。

第七，政府出台政策，鼓励职场专业人士开设商业的职业生涯咨询公司，作为学校教育的一个补充，这样从小学到大学直到产业领域，这套体系就能被广泛而深入地应用和实践了。

以上是我作为一名20年生涯教育工作者的提议。

如果上文建议能得到落实，中国目前存在的教育问题应该能得到很好地解决。比如，不看重考分了，K12培优机构不存在了，真正的素质教育机构红火了，家长解放了，孩子们下午3点钟放学，去各种兴趣班学想学的东西，不用题海战术了，晚上9点钟可以上床休息了。又如，高中生没了高考压力，学霸们继续冲北大清华，普通学生也能上大学，就业型的高中生只要做好职业规划、选好专业就行，上适合自己的大学。再如，农村的孩子分为两批，一批学霸继续冲学术大学，80%孩子可以上一个应用型大学，学一门技术或者手艺，3年就读完本科，尽早就业，早点赚钱为父母分忧，一毕业还能马上就业不"啃老"。

二、陷入执念

根据我线下11年咨询个案观察和总结，陷入执念这个原因所占比例非常大，来找我咨询的人中95%都有执念，用专业的话叫"非合理信念"，意思是陷入执念，陷在自己的死循环中。

所谓"非合理信念"，就是错误的假设认知。从道理上讲，真正困扰我们的，并非发生在我们身上的事情，而是我们对那件事的想法。或者进一步说，是我们对想法的执着（抓紧不放，并认为此想法一定是不可变更的，是正确无误的）。这些想法往往是无法接受事实（如"这件事不应该发生"）、对他人的要求（如"你应该……"）、对他人的批判（如"你不应该……"）等。

非合理性信念是阻挠人前进的信念。以下就是常见的非合理信念：成绩好，考上好大学就叫成功；一个人一辈子只有一个适合他的职业；工作，它能满足我所有的需求；我的工作职位越高，就显得我这个人越有价值；我一定要考公务员，考上公务员是我唯一的出路；由父母替我决定未来的职业方向，要比由自己决定更为恰当；在家庭和事业之间，我只能选择其一；这个世界变得很快，计划未来是很难做到的事；我辞职后就再也找不到好工作了……

我先自我反省一个我曾经有的执念——有钱就能幸福！有好多好多钱就能更幸福！

先来讲一个好玩的故事。

有一年我去迪拜旅行，可能因为是淡季吧，旅行社帮忙定了一晚八星级的阿布扎比酋长皇宫酒店。八星呀！由阿拉伯联合酋长国之一的阿布扎比

第一章 谁的人生不迷茫

酋长国斥资约30亿美元建造,是迄今全球第一奢豪的酒店,由著名的英国设计师约翰·艾利奥特设计,富有浓郁的阿拉伯民族风情。一进大门金碧辉煌,连卫生间马桶都是镀了金的。那一天我兴奋得要命,不单单是体验了一把奢华,还隐约找到了人生目标:如果我这辈子能住在这样的地方,我一定会很幸福啊!嗯,我要为这个目标奋斗,这就是我想要的人生!

我带着找到人生方向和目标的兴奋感睡着了。第二天一早醒来,掀开被子,我发现那么大的床我只睡五分之一,另外五分之四还是平整崭新的。那天的自助早餐标价是100美元一个人,琳琅满目。结果我因为在减脂期,早餐固定只能吃一盘番茄黄瓜,一杯鲜奶,加一个水煮蛋。下午我去迪拜最奢侈、最大的购物广场逛,进去10分钟就出来了,价钱标签太吓人了,后面的"0"多得数不过来,我感觉我去错了地方,于是,我转回购物广场的大门。坐在软软的沙发上发呆,看着那天下午每一个进店的顾客,看他们一个一个从豪车上款款下来。那天下午我还见到了以前只在电影中见过的剪刀门的跑车。

那一整天我都在思考一个问题:就算有一天,我真的成为有钱人,我真的会比现在更幸福吗?我还是只睡那么大点的地方,吃一份健康餐,开一辆20万元代步的车,我的需要好像不会变多。其实我们需要的真的很少,除了这些,我还要什么呢?你看,有钱还是一样要过普通人的生活!我们不需要年轻的时候将我们全部的时间、精力只投入到赚钱这一件事情上,钱只是一个手段,不是人生目标!努力工作是为了多赚钱,可赚钱难道不是为好好生活吗?

同样,当我们做出一个职业决定时,常常会有一些错误性的假设认知,使我们受困于这些认知上。除非这些障碍得到澄清或挑战,否则犹豫的行为会持续下去。比如,会导致整个人焦虑程度升高,将未能做好生涯决定的挫败归因于运气不佳。再如,做事没有重点,一些人往往眼高手低,他们周旋于各类事物之间,却最终一事无成。又如,大部分求职者都认为存在某种因素妨碍他们找到下一份工作,他们会觉得自己太年轻或太老、长得不好看而

世界500强HR人生管理笔记

找不到工作。

以下是几个找我咨询的年轻人的案例,你们体会下什么叫"执念"。

第一例:"我一定要当公务员!"

一个二本院校的大四女生,有一位在政府机关工作的家长,这个女生一心想考公务员,我问她为什么?她说,公务员工作舒服呀,朝九晚五上班,工作没有压力,上班一杯茶,打开电脑刷淘宝,偶尔接接电话处理点事情,到点就下班,从不加班。我听完,只能睁大眼睛,问她,你确定吗?谁告诉你的答案?

早些年的机关生活清闲的那种传说依然根植在现在的年轻人脑海中,他们对机关这堵高墙里的生活毫不知情,思维停留在父辈描述中的安逸闲适状态中,所以纷纷想去体验一把这样的生活。但实际上,真相未必如此。等到很多怀揣着"享清福"念头的朋友发现现实根本不是这么一回事,那日子就煎熬了。这就是一种社会上典型的执念。

找我做咨询的人中,有很大的比例是国企和机关的年轻员工,我就拿其中之一的小李来举例子吧。

小李对我说,他年轻时选择在体制内的工作,稳定,每个月都有死工资,不用担心吃穿,还有空闲时间做自己的事情。大学毕业第一年同学聚会,他笑他的上铺兄弟:"你看,你每天都被老板骂,每天都担心被老板炒,而我不一样,我可以躺着睡大觉,一个月还有4000元的收入,再看看你,如果一天不奋斗,就没有了收入。"三年后的同学聚会,小李一个月4500元的收入,他的上铺已经月薪2万元了。他上铺的兄弟对他说:"你自以为在国企混得稳定,可你的工作和生活是靠着一个政策或靠着领导的一句话,可变性太大。而我的工作,凭借自己的努力,市场会给我一个相对公平的分数,而只要我每天奋斗,工作和生活是在我自己手上;可你不一样,你的工

作和生活在领导、体制手上。"

小李来找我做咨询,我听完他的故事,对他说,你的上铺比你成熟,他知道一个道理,这世界既然每天都在变,所谓稳定,本身就是不存在的。这世上唯一不变的就是改变本身,所以唯有每天努力奔波,才不会逆水行舟不进则退。22—38岁本是最应该拼搏的年纪,你却选择了安逸,这个世界哪有什么稳定的工作,你现在的享福都是假象,生活总有一天会一起打个包加倍还给你,生活是自己的,奋斗也不是为了别人,拼搏也是每天必做的事情,只有每天进步才是最稳定的生活。

在职业生涯规划中,有三个至关重要的因素需要我们考虑:一是心智,就是我们如何看待和理解这个世界和自己;二是能力,就是我们安身立命的技能;三是资源,就是我们和外界联结的方式。

你总是做同样的事情,翻来覆去几遍没有新意,说明你已经在舒适区习惯了,你的心智模式已经开始僵化了。每当有35岁以上的国企和机关的人来找我做咨询,沟通30分钟后,我基本能判断此人是真的想改变现状,还是找一个看起来比较专业的人吐个槽、抱怨抱怨而已,明天继续回国企上班。后者占了80%。

第二例:"现在流行做'斜杠青年',我也要做!"

"这两年特流行'斜杠青年'这个称谓,感觉不标榜下自己是'斜杠'都不好意思出门。"来找我做咨询的25岁的小陈见我说的第一句话就是这句。然后他的简历是十年八个行业、七个工种。

"斜杠青年"指的是一群不再满足于专一职业的生活方式,而选择拥有多重职业和身份的多元生活的人群。我个人认可"斜杠青年"。但关键是,第一步,你要先"精专一门",第二步,再"斜杠"。因为人的精力是有限的,我们很难通吃,很难多精。先"职业生涯规划——做好职业定位",再用5—10年的时间一头扎进去,做到此行业、此领域在中国排前10%—20%

名的专业人士，先"专"，然后"一专而多能"，让你从容地去面对未来社会的变化。"一专"会让你永远不迷路，"多能"会让你永远不错过这个变化的时代。我给小陈的建议是先找到自己最擅长的"专"，再去找这个精彩世界的"杠"！

可现在无数年轻人，斜了一堆杠，没有一门拿得出手的手艺。

第三例："知识付费年代，买课囤课我就能逆袭。"

有一个31岁的宝妈来找我咨询，她说自己这两年转变好大，得益于知识付费年代的到来。据她说，她一年在八个知识付费平台，买了27门课程，在知识付费时代会有很多人给你传授各种"绝学"，什么"从0到1，人生如何逆袭""7天掌握×××""15天打造×××"等课程。但是，说好的知识付费，最后大多变成了"割韭菜"，特别是宝妈这个群体，变成了好多营销人眼里的"唐僧肉"，谁都想咬两口。现在好多知识平台上提供的一些课程过度注重营销，而不注重产品质量。有些课程使用各种花里胡哨的营销策略去吸引用户购买付费知识产品，但实际上仅仅是为了推广。还有些内容质量低下，知识付费变成了智商交税。

我跟这位宝妈说，你要认清两个事实：第一，对事物的深度认知是需要时间的。任何人要成为专家，都要遵循"一万小时"定律，我从24岁入行HR，到31岁做到HR经理，花了8年时间，共计23360个小时，后来成为商业讲师和咨询师，又坚持了8年的专业学习，又一个23360小时，到现在我也不敢对外说"我是专家"。你就报了一个七天速成课，你就想成为大师吗？第二，专业知识和技能是没法碎片化学习的，必须是成系统地学习才可能有效果。

上面是我800个咨询个案中随便举的三个例子，这样的例子太多。我还有一点观察和总结，看了不要备受打击，我说的是一个事实和规律，真相有

时就是那么残酷。那就是我们大部分人都是普通人，最厉害的和最不厉害的只有非常少的比例。

普通人，读个普通的大学，找个普通的工作，娶或者嫁一个普通的老婆或者老公，生个普通的娃，上个普通的小学、大学，娃再找个普通的工作，再找个普通的人结婚，往复循环，中国走过了上下五千年，不是吗？如果我们天赋不是那一小撮特别厉害的人，我们加把力，把普普通通的生活，过得稍微好一点，幸福一点，不也是挺不错的一件事嘛。

在现实生活中，有大把大把的人，都以为当有一天他们变得不普通了，比如，网红一夜成名拥有大把的财富、拥有令人艳羡的名望，他们就不再需要面对普通的生活，渴望自己可以跟明星一样不平凡，过耀眼的生活。到那时，他们以为将不再受困于生活的琐碎、无聊、恶心、龌龊、疲惫、压力、厌倦、忧伤、痛苦、虚无，他们的生活一定充满光鲜、快乐、愉悦、舒服、安宁、幸福。可是你要明白，无论怎么努力，即便名利双收，依然不能脱离普通的生活，只要生而为人，就受困于生活，受困于这有限的时间和很快不再青春的肉身，受困于大大小小一切形式的责任，受困于来自方方面面的压力，受困于生活中所有的琐碎，受困于爱情中所有的背叛、逃离。这就是生活！

法国作家罗曼·罗兰说："只有一种英雄主义，就是在认清生活真相之后依然热爱生活。"我太喜欢这句话。

真正困扰我们的，并非发生在我们身上的事情，而是我们对那件事的想法。放下执念，有时困惑迎刃而解。我每次线下如果做3个小时的一对一咨询，其中有1.5小时都在跟来询者讨论他的执念——一些错误性的假设认知，除非这些障碍得到澄清，否则，无法迈开下一步。执念就是阻挠人前进的信念。

迷茫是生活的常态，最可怕的不是我们行动得慢，或是才华增长得少，而是我们一直停留在一个静止的状态，每天都在抱怨和厌倦中度过，而从没有为更好的自己做出一点改变。

怎样才能少一些人生执念？思想的质量决定生命的质量。我的体会是一个人以往的经历和事件常常决定了他目前的行为，而且影响难以改变。所以，为什么优秀的人大多喜欢读书和旅行。旅行，是心灵的阅读；而阅读，是心灵的旅行。

以下是我对于如何改变人生执念的一些建议。

建议一：多读书。

一个人的思维模式决定了他能走多远，而书籍可以帮助我们转换思维方式，因此需要读一些经典的书籍。

有三类书推荐给职场人阅读：一是知名企业的高管或者公司创始人、老板自己写的传记或者经验分享类的书，这是真正的管理专题和真心实感，比别人代笔的企业家传记要好很多；二是有关管理方法论的书籍，其中有一些书看完一遍，不一定能看懂，过上一年半载，再翻出来看看，可能有新的认识。如果你以后想做职业经理人、未来想创业，就需要阅读这方面书籍；三是人文、社科类书籍，多涉猎，拓宽知识面。

顺便说一句，不要总是"刷剧"，每次看到地铁上早晚上下班高峰期间总有人（尤其是女生）抱着手机、戴着耳机看一些宫斗剧，我就替她们担心，20—38岁的黄金拼搏年龄，就这样浪费了。想想，55岁就可以光荣退休了，你们估计还要活到88岁的，中间那33年，什么事没有，不是可以天天"刷剧"吗？非要现在把大把的时间和青春荒废掉！你是房子买够了吗？孩子留学钱攒够了吗？你的养老金够了吗？你父母老年医疗费预备了吗？你心中环游世界的梦想需要的机票费、船票费够了吗？南极美得令人窒息，难道你这辈子不想去看看？南极的船票5万元一张，从20岁开始每个月存200元，20年后你就能去南极了。你22岁开始天天"刷剧"，35岁怎么办？45岁怎么办？55岁怎么办？

我把我的习惯分享给你：我从不看电视连续剧，太浪费时间，等退休了再看。我平时三个大块时间用来工作、学习、健身房锻炼，而且时间固定。我把看综艺节目当成工作、学习累了换脑子的调剂，我是这样排序看的：第一类是《财经郎眼》《吴晓波频道》《得到》等财经、商业谈话类节目，增加财经、管理、金融领域商业知识体系，扩大商业视野格局。吃饭时看，出差旅行途中碎片时间看，有时睡觉前看一看；第二类是《奇葩说 & 奇葩大会》《知识就是力量》《非诚勿扰》《爱情保卫战》《我就是演员》《天天向上》《明星大侦探》等，增加思维、逻辑分析、判断、沟通、协调、归纳、总结、人际关系处理能力、识人技巧、认知能力、察言观色能力、感受力，做饭时看，打扫家务时看，跑步机上看，洗衣服、晒衣服时看；第三类是美食类、旅行类、生存挑战类、自然科学类等，感觉工作学习累了，换个角度看世界，我就会找这些节目来看；第四类是《向往的生活》《奔跑吧》《快乐大本营》等纯粹休闲娱乐，换换脑子，工作、学习累时看，就图个乐和。

建议二：多旅行。

旅行看世界是我最喜欢的一种方法。经常旅行的人，通过旅行，不仅可以亲眼观察到美丽的自然和人文景观，亲身体验到各地不同的民风民俗、饮食习惯和宗教信仰，还可以了解到各地不同的气候、动植物和特产，可以开阔眼界，增长知识和见闻。可以说，每一次旅游都能给人带来新的感受、知识和见闻！

有一次，一本杂志听说我这个普通人，一边工作赚钱一边去南极和北极，去50个国家和地区旅行，于是杂志社编辑发的文稿用的标题就是《经常旅行的女人到底有多厉害》。女孩子一定要经常旅行，千万不能做宅女，对于一个女孩子来说，见识最重要，你见得多了，自然就会视野宽广、心胸豁达。既愿意听别人的意见，又有自己正确的"三观"和独立判断能力。好建议我们采纳，没有用的建议让别人说，尊重每个人说话的权利，一笑而过。女性所特有的一些弱点便会淡化，优点便会突出。

我从2009年开始，至今已经环游了50个国家和地区。最远，去了南极和北极；最高，抵达海拔5520米珠峰大本营；最低，潜水去了28米深的大海。每次出去旅行，我都会在朋友圈写一句："我出去思考人生了！"

一次旅行一个故事，一个地方一段历史，一个民族一个传说；不远行，你无法想象世界之大美；不远行，你无法把握人生之精彩。

《一代宗师》里的三境界：一是见自己，进行自我塑造。学会正确地认识自己，面对自己，不骄不躁、不卑不亢、不以物喜不以己悲。二是见天地，完成社会定位。不看大地，永远不知道自己的渺小；不见汪洋，永远不知道自己的肤浅；不见高人，永远不知道自己的不足。"见天地"是对"见自己"最大程度的修正和提高。三是"见众生"。到了这个境界，就可以泰然自若，用最恰当的适合自己的状态从容地去面对众生。见过自己，知道自己的分量；见过天地，知道自己的卑微，这时再面对众生，才能做到所谓的虚怀若谷，大象无形。

在旅行中，我有两次震撼的感受。一次是我站在埃及金字塔面前，它比我想象得还要宏大。小学时，我们教材上写到：最高大的是胡夫金字塔，高146.5米，底长230米，共用230万块平均每块2.5吨的石块砌成，占地约5.2万平方米。石块之间没有任何黏着物，靠石块的相互叠压和咬合垒成。光看教科书上的文字，没有概念，直到有一天，我亲自站在金字塔面前，看到矗立着一座象征国王权力与尊严的狮身人面像时，看到这个约公元前2500年就屹立在那里的庞然大物时，内心无比激动，无法描述。

还有一次是我坐破冰船经过德雷克海峡去南极，德雷克海峡水深3400米，南北边界最深处约4800米。一年365天，风力都在8级以上。即便是万吨巨轮，在波涛汹涌的海面，也被震颤得像一片树叶。这片终年狂风怒号的海峡，历史上曾让无数船只在此倾覆海底。于是，德雷克海峡被人称之为"杀人的西风带""暴风走廊""魔鬼海峡"，是一条名副其实的"死亡走廊"。我们从阿根廷的乌斯环亚上了一条挪威破冰船，两天两夜颠簸、呕吐，终于成功穿越德雷克海峡。当第三天天亮的那一刻，我来到七楼的观景台，从落地大玻璃第一次看到巨大的、洁白无瑕的海平面上凸起的亿万年的南极大冰山，我的眼泪禁不住"噗噗"往下流。

有了好几次类似的体验，每当我再遇到工作、生活上的烦恼、困难及讨厌的人和讨厌的事时，只要想想3000年前的胡夫金字塔、亿万年前的南极

大冰山，再仰头看看浩瀚无垠的宇宙，天空飘来五个字——那都不叫事！

我知道环游世界可能也是你小时候的梦想，我也知道你可能现在没钱没时间，我20—32岁时，也没钱没时间，那时的我每年特别认真努力工作，一年走一条国内的路线，10年环游完了中国，这个梦想实现起来一点也不难，你可以像我一样，制订一个计划，开始出发吧！

建议三：多运动。

好的身体才是梦想与未来最有力的保障。人一生可能会干很多蠢事，但最蠢的一件事就是忽视健康，人生不是一次百米跑，而是一场马拉松。

经常保持运动的习惯，身体健康和精力充沛的人才会有清醒的头脑，才能有效地管理工作和家庭生活，才能更容易接近和实现自己的梦想。

在2015年以前，我是一个极不爱运动的人，胖到150斤，连自己都看不得镜子中的自己，于是，下定决心，减肥。我来到离家最近的一个健身房，办了一张最贵的卡（主要是为了心疼钱才能倒逼自己坚持，这也是一个技巧），一年有效期内100节私教课，每周坚持去四晚，力量+有氧，2016—2017年，硬生生地坚持两年，一直到把"我要去健身房运动"这件事变成生活习惯，成果也很可观，整整减了32斤，我身高170厘米，理想体重控制在58—60公斤。

运动真正的魅力除了健康体魄之外，还能给你带来坚强的意志，随心而动的快乐，以及享受生命的态度。毅力的来源又在于毫不动摇的人生目标，成功最终属于坚持不懈并耐心等待的人。

三、独立思考能力、决策能力和行动能力太差

目前，大多数人使用以下方式来应对职业困惑问题。

第一种方式是自己冥思苦想。职业问题的产生，往往与自己的思维定式有关，而通过自我思考很难发现，这可以叫作自身盲点。当问题超越自己的认知时，苦想就变得效率低下。

第二种方式是询问亲戚、朋友、同事。周边的亲人朋友，往往基于他们

的想法（最主要是价值观）给你建议，这些建议很少从你的角度出发，难以被你采纳。

第三种方式是网上做一些测评。做过的朋友都有经验，版本不同，结论不一，结果也模棱两可，难以采信。

当一个人成长为成年人，也就开始独自一人面对生活。困惑、迷茫、焦虑、失落、厌倦是常态。然后，抱怨、找借口、维持原样，也是常态。太多人从小没有养成独立思考的习惯，也不具备分析问题、解决问题的能力，不能通过现象看到本质，更没有改变自己的决心和动力。所以，继续抱怨、继续找借口、继续维持原样，然后，就这样浑浑噩噩过完一生。

比利时一家杂志社，对60岁以上的老人做了一份关于"你最后悔什么"的调查问卷。调查结果显示：有72%的人后悔年轻时不够努力；有67%的人后悔年轻时错误地选择了职业；有63%的人后悔对子女教育不够或方法不当；有58%的人后悔锻炼身体不足；有47%的人后悔对父母陪伴不够；有41%的人后悔选错另一半；有32%的人后悔一生过得平淡。由此不难看出，人生最后悔的事，就是一直在后悔。

我从2007年开始学习职业生涯规划课程，2008年从事一对一的职业生涯咨询工作，10多年的实践告诉我：真正迷茫的人，连问题都问不出来。你要咨询职业困惑问题，首先你要对自己的未来有足够的了解，这样才能问出有价值的问题，让人来帮你分析你这样是不是对的，还会遇到什么问题。

"我很迷茫，我要做什么？"这样的问题职业生涯规划师也无法给出答案，就只好跟你说两个字：加油。如果自己连问明确问题都做不到，那不是迷茫，是懒，是"伸手党"，即使给你个正确的答案，你也很可能做不到。这个是当前中国大学生和职场中的年轻人的普遍问题。我以前代表我工作的外企去大学校园做招聘，我指了指背后的招聘广告，跟坐在我对面的男同学说："你好，欢迎你来参加我们公司的面试，请问你来应聘我们这九个职位中的哪一个？"这位同学看看我，又看看背后的简章，对我说："您觉得我适合哪一个？"

在一个人的成长过程中,你自己才是最重要的人。这个世界上没有救世主,只有自己才可以救自己。这个世界的安全感,从来不是别人给的,而是自己给自己的。

这个世界上失败的人,除了天赋太差之外,只有以下几点:一是方向不对;二是方法不对;三是懒惰。

有一次我们在一所大学做公益职业规划讲座和咨询,我们一位咨询师在和一位大二男同学聊了15分钟后,咨询师拿了一张白纸,写了一个大大的字,然后对大学生说,我已经清楚了,你的根本问题就是它。那位男同学看完白纸上的字,两眼放光非常开心地对咨询师说,老师,你一针见血地指出了我的问题,太神了。白纸上写的是一个"懒"字。

方向不对、方法不对,可以找专业的职业生涯规划咨询师,可以自己买书看,自我探索,可以和师哥师姐多多交流请教;唯有懒惰,无解!

四、人生不迷茫的正确解决之道

这10多年来,有太多人问我有关职业困惑、人生困惑的问题,我时间精力有限,没法一个个做咨询一个个回答,而且我也只能帮得你一时帮不了你一世。所以,你需要像我一样,自己成长为自己的职业规划师、人生规划师。原因很简单:"职业生涯规划、人生战略规划"已经成为一种职场人必备的生存性技能,人人必学!

想做一份完美的职业生涯规划,最重要的第一步是探索出你的"职业定位"。为此,你要弄清楚什么是你最喜欢的?什么是你最擅长的?什么是你认为最有价值的?什么是最有发展前途的?而你想知道答案,就要先探索你自己。以下的问题都分析清楚了,职业定位才能水到渠成。

- 性格:了解自己的性格。
- 兴趣:了解自己的兴趣所在。
- 价值观:了解自己的价值观。
- 人生终极目标:包括你最想要什么?达到什么?你的使命是什么?你

到底想成为什么样的人？

- 知识：你所习得的知识是什么方面的？获得的资格有哪些？
- 技能：你的技能有哪些？最熟练、最喜欢用的技能是什么？
- 天赋：你有什么与众不同的特长？
- 经历：你以前的经历是什么？这些经历可以帮到你什么？
- 人脉：你主要的人脉资源有哪些？他们对你的目标、职业有什么帮助？
- 宏观环境和就业市场：有什么机会？有什么限制？有哪些职业你感兴趣？
- 组织：你目前的工作如何？你对当前企业的认同度有多大？有适合你的职业发展机会吗？对你的职位具有关键利害关系的人是谁？他对你的工作如何评价？能给你忠告、建议、帮助的人是谁？
- 家庭：你的家人对你的职业期待是什么？他们能提供什么支持？当前来自家庭的影响和限制有哪些？家庭中有哪些力量可以帮助你获得更好的发展？

我在前面的开篇中讲了五个职业发展阶段，既然人生总要经历数次迷茫困惑，职业生涯规划的一个重要作用就是帮助你设立职业目标。但是，更重要的目的是要帮助你学会一整套职业生涯规划和决策的技能，以便你可以随时使用它。毕竟职场中的你在不断变化，职场也在不断变化。

变化是永恒的，变化其实并不可怕，关键是要掌握其中的规律。随着时间的推移，你对这些能力的运用会越来越熟练，对自己和职场的规律认知会越来越深入。慢慢地，你可以脱离职业生涯咨询师，根据当下的实际情况（个人和外界）做出最恰当、最满意的职业决策。职业生涯规划将引导你，由看片段到看全局，由看事件到看变化背后的逻辑结构，以及由静态的分析变因到看见其间的互动，进而寻得一种动态的平衡。

我有一个观点：对于工作和生活的基本问题，并不存在所谓的特效药和快速解决的方法。所以，思考的过程比思考的结论对我们的人生更有价值。

多思考,看故事背后的逻辑关系;注意看,什么事情能导致什么事情发生,以及为什么会这样;看方法,看提炼出来的规律。

要知道一个真理:一切目标的抵达自有其遵循的定律。我相信,我的书和我的课程都可以帮助你提高自己的敏锐度,能够让你审视并改善自己的生活。我不承诺我的书和我的课程会给你带来任何简单的答案,你自己要全力以赴才能找到答案。我花了20年才找到答案,但这也是我生命中最值得付出的努力。我的收获颇丰,希望你也能够如此!

来吧,迷茫也许正是机会,困惑是生命中最好的时刻!只有先治迷茫困惑病,才有前进的方向和动力。在这里,我可以帮你找到内心深处自立自强的秘诀,从而过上真正意义上的快乐生活!

第三节 我的人生迷茫和人生上半场答卷

一、我经历的三个迷茫期

回想一下,在我过往的人生中,经历了三个迷茫期。

第一个迷茫期是在高中考大学的时候。读高中时,由于处在青春期、叛逆期,贪玩,心思不在学习上,加上本来学习的天分一般,最后勉强考上一所市属大学,分数刚过线,专业是调剂的会计统计专业。我既不擅长数理又不喜欢数理,大学的学习和生活经历,现在回想下,没有任何兴奋点,能想起来的,就是课间不去食堂打饭,和同学打扑克"双升、拱猪",纯粹感观快乐。现在这个年纪的我非常后悔当初18岁时为什么不认真学习。这是我人生最后悔的事情,该努力的年纪荒废青春,没考上理想的大学,读了不擅长且没一点兴趣的专业,高中和大学,黯淡无光,后悔无比。高三到大一的那两年是我人生的第一个极度迷茫困惑期。

第二个迷茫期是我21岁大学毕业那年，学校分配我们去一家国营的糖烟酒公司实习。3个月后，实习结束的那一天我正式确定，天天数钱、天天做报表不是我喜欢的工作，我更不喜欢国企里面的工作氛围。可如果不去国企做会计，毕业就要失业了，谁养我？在1994年，去国企做会计是那个年代无比时髦的好工作，对一个20出头的小女生来讲，放弃一个到手的稳定对口的工作，一个人跑去社会上求职面试，那是一个天大的人生抉择。我真佩服那时年轻的我，真有勇气！

第三个迷茫期是30—32岁，已经上班10年有余，在武汉当年最好的外企做到人力资源经理的职位，外人看起来光鲜亮丽的工作，工资高、地位也不错，凭自己的努力买了房、买了车、结了婚、生了娃，人生大事都解决得妥妥的，却总感觉缺点什么。当时也可以选择去"北上广深"发展，毕竟武汉是二线城市，发展空间不大，是去"北上广深"还是继续留在武汉？是继续在外企做职业经理人还是尊崇内心想创业的小火苗？这一纠结，就是两年多。

二、我的人生上半场答卷

截至今天，46年过去了，我交出了人生上半场的答卷。

我的工作者角色之一：刚毕业就失业。当年的我是一个有骨气的小女生，毕业了，再伸手找父母要生活费，好丢脸，自己选的路，跪着也要走完！经历了2家小民企小文员岗位（第一家小民企遇到黑心老板，我们有5个应届大学生被他剥削一年，工资400元一个月，还成天克扣我们，有一个月只拿到100元人民币），熬了3年。终于，24岁时成功应聘飞利浦公司，开始从事HR工作，找到符合自己兴趣、能力、价值观的完美工作。30岁时，跳槽去沃尔玛任招聘经理，我在职的那3年，沃尔玛是世界500强第一名的公司，荣幸之至。

我的工作者角色之二：创业者。32岁成立武汉越秀人力资源公司，成为

"人力资源管理培训"这个品类的知名培训品牌,线下学员将近2万人。一直坚持做一对一职业生涯规划咨询,答疑解惑。

我的工作者角色之三:创业导师。我是武汉市政府签约的创业导师,每年参与政府、高校公益创业培训、当评委,为大学生和创业者们在企业人力资源管理上提供建议。

我的工作者角色之四:人保局的就业导师。每年去中国各大城市的大学给大学生们开展公益讲座。已经巡讲10多个城市,50多所大学。给大一、大二的同学们讲如何有意义地度过大学四年,给大三、大四的同学讲职业生涯规划和求职面试技巧。

我的公民角色:NGO创始人。2009年创立"湖北多背一公斤公益联盟",坚持10年间每年组织城市白领们下乡去贫困山区跟孩子们一对一"结对子",一起过六一儿童节。

我的休闲者角色:旅行者。我的人生价值观之一是"边奋斗、边享受"。2009年开始,至今已经去了全球50个国家和地区,包括南极、北极、珠峰大本营,实现了小时候的梦想。

我的理财者角色:发明了"七套房养老"理论。27岁学习理财、投资,从那时起就开始为自己的养老考虑,如何才能优雅地老去,如何才能有尊严地过完我的老年生活。

我的其他人生角色:孩子的妈妈、父母的女儿、男人的老婆。

现在,我的工作和生活平衡,家庭幸福美满,人生各个角色都过得还不错,所以,我个人还是非常满意我这份人生上半场的答卷。我和你一样,都是普通人,我的父亲是一家国企职员,我的母亲是小学数学老师,他们都在自己的工作岗位上工作了一辈子直到退休。我的家庭也是几亿个中国普通家庭中的一个。人生真的就是无数选择的叠加,今天的生活是由几年前的选择决定的,几年后的生活又是因为今天我们的选择决定的。有时候,就那么一两个人生关键点的抉择会影响你一生,真的!

三、迷茫困惑时，最需要了解自己

当一个人长大成人，也就开始独自一人面对生活。

我跟你们一样，有着各种各样的问题，并不知道所有问题的答案。不一样的是，我的内心深处发出的声音是"我不想要什么"。比如，"我不想要一辈子从事我并不擅长也不喜欢的会计工作""我不想进国企做那种一眼能看到30年后的样子的工作，即使你们都说那个工作适合女孩，稳定""我不想要老到60岁时，还要为生计而担忧，还要挤公共汽车出去上班赚生活费，我想过一个有尊严、有品质的老年生活。"所以，暂时的迷茫、困惑没有关系，最重要的是了解自己，知道自己想要什么，知道自己想过什么样的人生。

每一次经历的失败和教训，前方一定会有新的机会等着你，无论生活给我们什么样的经历，我们都要去追逐自己的梦想，在追逐梦想的这条路上，你不孤独！我的这本书为你而写，这本书告诉你，我是怎么从迷茫到清晰，人生一步一个脚印去走的。

1997年，我有幸被飞利浦公司录取，这也成为我的人生的最大转折点。当年参加了为期三天的美国版权畅销课"高效能人士的七个习惯"的内训课程，这个课程在我的心中埋下一颗种子，让我有了更开阔的世界观、人生观和价值观。2007年，我在工作之余去北京参加了由北森公司举办的中国第十期"全球职业规划师GCDF"认证班7天课程，系统地学习了职业生涯规划体系。2008年，在武汉开展一对一的职业生涯咨询，主要目的并不是为了赚钱，而是为了学以致用，积累个案经验。2012—2014年，去北京新精英公司参加"生涯规划师"认证班、"生涯咨询师"实训班、"生涯培训师"实训班。2015年，考取了国家二级心理咨询师。

这10多年来，我在全国各地参加各种与生涯规划有关的工作坊和年会；10多年来一直坚持职业生涯规划领域的前沿学习；10多年的理论学习、实操积累，学费大约花了10万元。这些专业上的提升，最大的好处就是自己的人生规划越来越清晰、越来越不迷茫、不困惑。32岁以后，我再也没有迷茫

第一章 谁的人生不迷茫

困惑过,虽然有时工作也很辛苦,虽然有时生活也时不时蹦出那么一两个挫折和考验,但怎么也动摇不了我的大方向,永远清醒地朝着我的人生规划方向前进。所以,你应该像我一样,自己成长为自己的职业生涯规划师、人生规划师。

事实上,"职业生涯规划、人生管理战略规划"已经成为一种职场人必备的生存性技能,人人必学!

我还发明了一个思考人生的好方法。我自己探索了很多年,在一些人生选择重大节点,理不清头绪的时候,我就背着我的"离家出走包"出门旅行,去找一些高山、大海、草原、沙漠、雪山,并发朋友圈说"未来十天不方便接听电话,我出去思考人生了!"在钢筋水泥的城市中,很容易思绪混乱,有时跳出去看人、看事、看自己,就会有不同的感受。在我看来,幸福指的是一种快乐、满足、积极的体验,同时能够让人感受到生命的美好、意义和价值。为此,我经常一边"幸福着"、一边就做了某个人生重大决定。

处于迷茫困惑中的你,要学着问自己这些问题:

- 我是谁?
- 我是什么样子的人?
- 我喜欢什么?擅长做些什么?
- 在选择和被选择之间我该如何抉择?
- 我期望成为什么样的人?
- 为了成为我所期望的自己,我需要充实些什么?或者付出些什么?
- 我要做什么才能不白白浪费了这一场人生?如何做?

职业生涯规划是一个技术活。首先,你要有科学先进的职业生涯规划理念;其次,还要有落地可执行的工具和方法。我的这本书可以帮你做到这两点。学习本书的步骤:第一,本书每一章节结构化知识的学习;第二,务必完成我布置的每一个练习,寻找自己的答案,实验这些工具和方法;第三,在工作和生活中验证,将我给的这些职业生涯规划工具和方法灵活运用于工作、生活的方方面面;第四,内化职业技能,用职业生涯规划培养自己的应变能力，从容面对，将职业生涯规划内化成自己的一种职业能力。

当我们容颜老去离开这个世界的时候，回首过去几十年，我们可以笑着说："我这一生过得还挺幸福！"无愧于心，无悔于行！留驻我们心中的是生命中最美丽灿烂的彩虹。

第二章
用战略思维管理人生

每个企业都要有自己的愿景、使命和价值观。个人管理和企业管理在很多方面都是相通的,每个人也都要问自己这样的问题:我的人生使命是什么?我的人生价值观是什么?我的人生终极目标是什么?我的10年规划、5年规划、3年规划及1年规划分别是什么?回答并真正解决这些问题,就是在用战略思维管理人生。

世界500强HR人生管理笔记

第一节 人生战略管理工具——人生平衡计分卡

一、人生战略管理理念

"战略"一词源自于军事用语,于企业而言,更多的是表示企业家的意图,即企业战略规划所常见的使命、价值观、愿景。战略规划属于企业管理四大职能(计划、组织、领导、控制)中计划职能的范畴,它更多的是考虑企业未来的课题,是持续构建企业核心竞争力的重要途径。战略规划管理包括战略研究、战略规划、战略解码、战略执行、战略监控、战略评价及完善六个环节,是一个系统的管理体系。战略解码一般采用战略地图和平衡计分卡(财务、客户、内部流程、学习与成长)进行,将3—5年的战略规划分解成年度的事业计划,再进一步分解成行动计划和KPI(关键绩效指标);对标战略规划和事业计划、行动计划在各种资源配置完整的基础上实施战略;再实施必要的战略评价和战略监控,确保战略落地。

个人管理和企业管理在很多方面都是相通的。企业或人生都要回答三个终极问题,即"我是谁?""我从哪里来?""我要到哪里去?"企业管理需要战略定位,将有限的资源分配到合适的位置上;个人的人生管理也需要有战略思维,如何将有限的时间投入到不同的人生角色中去,如图1所示。可以说,一个有战略思维的人往往更容易达成目标,获得成功。

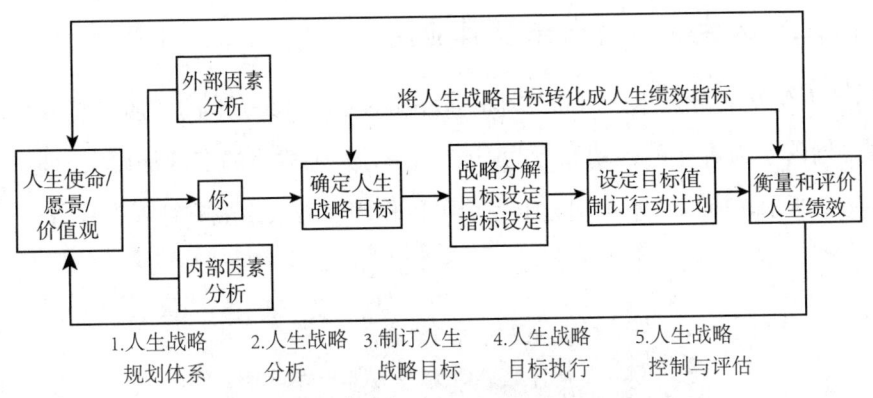

图 1　人生战略管理流程

你准备去哪个城市读大学？要不要出国留学？移民还是回国就业？读完本科后，考不考研究生？然后决定创业或就业，决定娶某人为妻或者到底嫁给谁？买不买房？在哪里买房？这些都是人生战略规划。战略规划决定了人生的品质、高度和深度。

哈佛商学院教授克莱顿·克里斯坦森是全世界最知名的管理学家之一，《福布斯》杂志曾经称他是过去50年最有影响力的商业理论家之一。2010年时，克里斯坦森受邀向哈佛学生做毕业演讲。在演讲里，克里斯坦森向学生们阐述，如何把管理学理论应用到人生规划和个人生活中。对于任何一个MBA而言，在商学院学习的管理知识，如成本分析法、平衡计分卡、核心竞争力、颠覆性创新、4P营销理论、波特五力竞争模型，其实都比不上你对人生目标的清楚认识。这是克里斯坦森给出的忠告。后来，从这次演讲出发，克里斯坦森和另外两位合作者一起就这个主题写了一本书《你要如何衡量你的人生》，克里斯坦森把那些在商业领域起作用的理论应用到个人领域，讨论一个人如何更好地管理人生，如何制订人生战略目标。关于如何过好这一生，他希望每个人能依据这些理论和思考方法得到自己的答案。他说："就像企业制订战略目标一样，确定一个清晰的人生目标也是非常重要的，在做任何事情的时候应该把自己人生目标放在前面或置于中心。"

二、人生平衡计分卡及其应用

"人生平衡计分卡"（Life Balanced Scorecard，LBSC）的实质是将人生战略规划落实为具体的行动和行为习惯，并对人生战略的实施加以实时监控，如图2所示。所以，平衡记分卡完全可以作为一种人生战略管理工具。

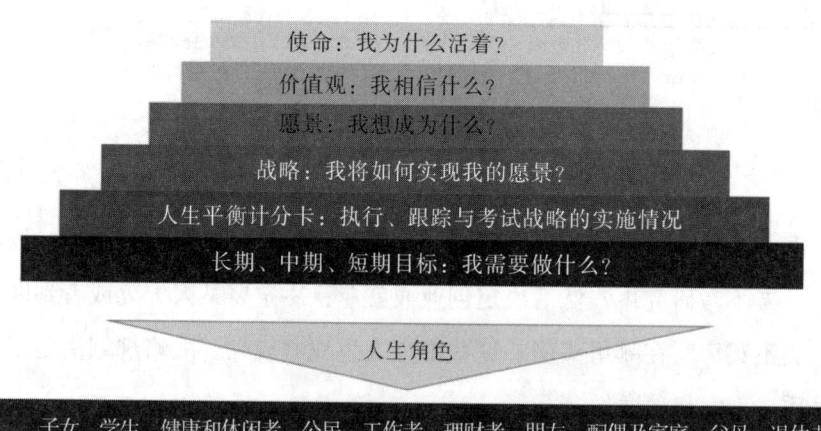

图2　人生战略管理工具——人生平衡计分卡

图2重在从人生战略管理的角度对平衡计分卡进行解读，以平衡计分卡作为核心来完成人生战略管理的五个重要过程。

第一步：人生战略规划体系。建立人生使命、愿景、价值观、人生终极目标。

第二步：人生战略分析。人生的核心战略体系设计完成后，运用各种分析工具对你现在的内外部进行分析。

第三步：制订人生战略目标。在战略分析的基础上，分别制订长期、中期、短期目标；工作、生活、学习三方面的人生战略目标。

第四步：人生战略目标的执行。制订尽量量化的人生KPI考核指标，制订详细的行动计划并执行。

第五步：人生战略控制与评估。月度、年度自省，评估、总结、修正，再制订新一轮月度、年度目标。

这里再推荐一个简单又好用的工具——PDCA循环。

PDCA循环是美国质量管理专家休哈特博士首先提出的，由戴明采纳、宣传，并获得普及，因此又称"戴明环"。PDCA循环是全面质量管理的思想基础和方法依据。PDCA循环的含义是将质量管理分为四个阶段，即计划（Plan）、执行（Do）、检查（Check）、处理（Act）。在质量管理活动中，要求把各项工作按照做出计划、计划实施、检查实施效果，然后将成功的纳入标准，不成功的留待下一循环去解决。这一工作方法是质量管理的基本方法，也是企业管理各项工作的一般规律。

有效的工具可以帮助我们更好、更快、更容易地获得成功。通过人生平衡计分卡的应用，我们的工作和生活将会更充实、更健康、更和谐，我们的人生也将会更加丰富、精彩。

有了落地的工具，接下来，要通过如下一些问题，不断地梳理个人志向，不断探索、倾听自己内心的声音。

● 为什么会在极度困难之下依然坚持做一些事情？

● 个人使命和愿景，我的梦想是什么？

● 我要带给这个世界什么？

● 如果今生只做一件事情、只做一种产品、只提供一个服务的话，那么它是什么？

● 如何只用一分钟告诉别人我是谁？

● 用一分钟给这个世界讲一个我的故事的话，这个故事是什么？

我知道，目前的你，对上述问题都没法完整、清楚地回答，但没关系，继续往下看，你就会找到人生答案的，相信我！

第二节　生命的意义和人生信仰

一、认清生活的真相

不管怎么看，生命总是很奇特，非常奇特。例如，我们都是由极其相同的物质组成的，是整个宇宙中最聪明、最有创造力、最高贵的生命形式，这是一个不争的事实。

那么生命的意义何在？

我是一个从小就爱思考宇宙和人生问题的人，我还超爱看有关宇宙、星空的科幻电影，无数的星球在虚空中游荡。目前科学所及，只发现地球上有生命。

人，平均寿命为80年、3万天左右，从古至今数以亿计的人生来、死去，地球照样不紧不慢地自转公转，好像这数以亿计的人并没有存在过一样。就像我们90%人都不知道我们爷爷的爷爷是谁？更不知道爷爷的爷爷的爷爷是谁？年轻一代好像也越来越不关心这个问题。

其实，如果我们从宇宙的范围来看一个人的存在与逝去，甚至地球这个星体的存在与失去都毫无意义，也就是说没有什么重要性，想到这里，你的心中是不是像宇宙一样空旷？

既然一切将归于沉寂，为什么还要上班？还要上学？还要赚钱？还要买房？还要做好多好多事情？还有什么事情是值得一做？做这么多事，这么劳累是为了什么？我们常常这样反问自己。特别是遇到人生重大的挫折和挑战时，我们经常怀疑人生。

有一个经典的捕鱼人的故事。

有一个美国商人坐在墨西哥海边一个小渔村的码头上,看着一个墨西哥渔夫划着一艘小船靠岸,小船上有好几尾大黄鳍鲔鱼。这个美国商人对墨西哥渔夫能抓这么高档的鱼恭维了一番,还问要花多少时间才能抓这么多?墨西哥渔夫说,才一会儿工夫就抓到了。美国人再问,你为什么不待久一点,好多抓一些鱼?墨西哥渔夫不以为然地说,这些鱼已经足够我一家人生活所需啦!美国人又问,那么你一天剩下那么多时间都在干什么?墨西哥渔夫解释,我每天睡到自然醒,出海抓几条鱼,回来后跟孩子们玩一玩;再跟老婆睡个午觉,黄昏时晃到村子里喝点小酒,跟哥儿们玩玩吉他。我的日子过得充实又忙碌呢!

美国人不以为然,帮他出主意,他说,我是美国哈佛大学MBA,我倒是可以帮你忙!你应该每天多花一些时间去抓鱼,到时候你就有钱去买条大一点的船。自然你就可以抓更多的鱼,再买更多渔船。然后你就可以拥有一个渔船队。到时候你就不必把鱼卖给鱼贩子,而是直接卖给加工厂,然后你可以自己开一家罐头工厂。如此你就可以控制整个生产、加工处理和销售。然后你可以离开这个小渔村,搬到墨西哥城,再搬到洛杉矶,最后到纽约,在那经营你不断扩充的企业。

墨西哥渔夫问,这得花多少时间呢?美国人回答,15—20年。墨西哥渔夫问,然后呢?美国人大笑着说,然后你就可以在家当皇帝啦!时机一到,你就可以宣布股票上市,把你公司的股份卖给投资大众,到时候你就发财啦!你可以几亿几亿地赚!然后呢?美国人说,到那个时候你就可以退休啦!你可以搬到海边的小渔村去住,每天睡到自然醒,出海随便抓几条鱼,跟孩子们玩一玩,再跟老婆睡个午觉,黄昏时,晃到村子里喝点小酒,跟哥儿们玩玩吉他。

墨西哥渔夫疑惑地说,我现在不就是这样了吗?

这个故事中没有谁的选择是对、谁的选择是错的问题，只是不同人生价值观罢了。虽然看起来终点都一样——在海边的小渔村过悠哉的生活，过程却完全不一样。如果你觉得安于现状是你想要的，那选择安于现状的生活就会让你感到幸福和满足；如果你不甘平庸，选择一条改变、进取和奋斗的道路，在这个追求的过程中你也一样会感到快乐。

所谓的成功，也许就是按照自己想要的生活方式生活。最糟糕的状态莫过于当你想选择一条不甘平庸、改变、进取和奋斗的道路时却以一种安于现状的方式生活，最后抱怨自己没有得到想要的人生。我送给这种人8个字：要么行动，要么闭嘴！

再来说说人生信仰。

我旅行过50个国家和地区，每到一个国家，我都会去了解他们的历史、文化和宗教。基督教、佛教、伊斯兰教，这三大宗教属于世界宗教。我去过意大利的米兰大教堂、佛罗伦萨大教堂、法国的巴黎圣母院、英国圣保罗大教堂、德国科隆大教堂、土耳其索菲亚大教堂、埃及的神庙、希腊的建于2000年前的帕特侬神庙、宙斯神庙、雅典娜·尼刻神庙、印度的印度教神庙、尼泊尔加德满都的寺庙、中国的佛教圣地、道教名山、俄罗斯东正派教堂。耶路撒冷和梵蒂冈这两个基督教圣地给我的印象最为深刻。因为根据《圣经》记载，耶路撒冷是耶稣受难、埋葬、复活、升天的地点，所以耶路撒冷对于基督教徒有非常重要的象征意义，老城街头也常有朝圣者重走耶稣上十字架前所走的"苦路"，我也走了这条路，只是心情不知道如何描述给你们听。

我是无神论者，因为我的理智和所受到的高等教育，决定了我把"无神论"当作最高的真理。我认为宗教的产生，是因为生命仅仅是无边的宇宙中像一粒微尘一样存在过短短的一段时间然后永远消失不见的残酷事实，因为宇宙和人生这个真相实在过于残酷，残酷的真理是"存在纯属偶然，人生全无意义"，令人无法直视，人们只好幻想出美好的天堂、神坛和众神。

既然人生本无意义，人为什么还要活着？因为人可以选择这一生怎过,并为自己的选择承担后果。经常听人们说"生命是一段旅程",但确切地说,这段旅程的目的地是哪儿?在无数广为流行的生命理论中,唯一永恒的主题就是"爱"。这里的"爱"指对生命本身的爱!尽管它的存在形式非常脆弱,却是唯一强大而持久的力量,它给我们的日常生活带来了真正的意义。

信仰,是行动的准绳。人的信仰怎样,他的行动也会怎样。信仰可以左右人生。我们所谓"人生观",也就是人对于人生的看法与信仰而已。信仰之所以能够照亮人生,并不是因为它的形式,而是因为它能让人明白生命、明白人生,拥有一种洞察真相的智慧。这种智慧,才是让生活中所有问题迎刃而解的原因。

有的人说中国人没有宗教信仰,没有内心约束,所以干出来很多坏事,不会觉得内疚。中华民族在没有普遍信仰的宗教的情况下,繁衍传承几千年,成为世界上少有几个从未中断的文明之一,这是其一。世界历史表明不同宗教派系的冲突,为这个世界带来很多战争和灾难,人们因为信仰的不同而相互杀掠讨伐,这是其二。如此看来,有宗教信仰不一定是好事儿,没有宗教信仰也不一定是坏事。

中国人虽然没有普遍的宗教信仰,但中国人用"祖先崇拜"取代了这个功能,让自己的生命意义在后代的身上继续存在,来解决人生意义的问题。在这个观念上,中国形成了"家庭本位"的文化,祖先崇拜,传宗接代,血脉继承,家族维系,为中国人提供了人生的意义。这样一种信念,不仅使得中国文化绵延不绝,而且使中国成为世界人口大国。

二、找寻活着的意义

认清生活真相之后人们依然热爱生活,既然如此,那让我们一起来探寻活着的意义吧!

第一,找到我们每个人活着的人生意义。

所谓活着的人生意义就是,因为有你,这个世界变得更美好。

把你晚上睡着想象为死亡，因为有一段时间是全无知觉的，确实跟死亡很像；把每天早上起来想象为出生，因为这样才能使我们的生命新的一天过得有新奇感和兴奋感。生命仅仅是无边的宇宙中，像一粒微尘一样的存在。美国作家梭罗说："生命并没有价值，除非你选择并赋予它价值。没有哪一个地方有幸福，除非你为自己带来幸福。"我以前觉得追求幸福、快乐才是人生的第一要义，后来才渐渐懂得，幸福、快乐并不是人生最重要的东西，意义才是。寻求和建立意义，为意义而活，它可以帮助你度过一个有意义的人生，尤其是在现在这样一个信息更新快速、充满选择和诱惑的时代。

孟加拉裔美国人，传统教育的颠覆者萨尔曼·可汗（Salman Khan）传递给这个世界的观念是谁都可以享受世界一流的免费教育。他是"可汗学院"的创办者和最初的老师。可汗学院的使命就是让地球上的任何人都能随时随地享受世界一流的免费教育。他在麻省理工学院获得数学学士、电气工程与计算机科学学士及硕士学位，此后又从哈佛商学院MBA毕业。毕业后在波士顿一家公司任对冲基金分析师。2006年创办可汗学院。截至2014年1月，YouTube上"可汗学院频道"共吸引了163.3万名订阅者，观看次数超过3.55亿次。到目前为止，可汗已经制作了4800段教学视频。作为一家非盈利教育机构，在萨尔曼·可汗领导下的可汗学院获得了可观的资助。2010年，谷歌提供了200万美元支持其课程开发并把其教学内容翻译成世界上最常用的10种语言。盖茨基金会先后提供了550万美元，鼎力支持可汗的事业。可汗由于其突出贡献而获得了无数大奖；2009年，可汗学院获得微软技术奖中的教育奖；2010年，可汗入选《财富》"全球40大青年才俊榜"；2012年，可汗入选《时代周刊》"全球100大最具影响力人物"。可汗为他的人生找到了活着的意义。

我大学毕业后在外企做了12年人力资源管理工作，那是外企在中国最黄金的12年。我从一个"小白"，经过12年世界500强公司的专业系统培训成长为专业的人力资源管理者，然后辞职创业，成立自己的人力资源培训公司。我的人生使命之一，就是在有生之年帮助10万个未来想从事人力资源管理专业的"小白"同学，提供最干货、最实用的培训课程和职业生涯规划辅导，帮助他们学习、入行找到人力资源的工作，并陪伴他们一路前行；我的人生使命之二，就是在中国推广"用战略思维管理人生——人生平衡计分卡"这个理念和工具，并把我亲身学习和实践的经验分享给人们，帮助人们找到人生目标和意义，实现他们的梦想。这是我的人生价值和意义。

第二，什么样的人最可能成为人生赢家？

幸福从何而来？金钱、名望或是成就感？1938年，哈佛开展了史上历时最长的成人发展研究，跟踪268位男性，从少年到老年，探寻影响人生幸福的关键。我特别好奇，哈佛研究了76年：到底是什么样的人，最可能成为人生赢家？

人生赢家的标准十分苛刻。主持这项研究整整32年的心理学者乔治·瓦利恩特（George Vaillant）说，赢家必须"十项全能"：十项标准里有两条跟收入有关，四条和身心健康有关，四条和亲密关系、社会支持有关。比如，必须80岁后仍身体健康、心智清明（没活到80岁的自然不算赢家，看到这句话，我不自觉地笑起来，我给自己定的目标是健康地活到88岁，你呢？）；60—75岁与孩子关系紧密；65—75岁除了妻子儿女外仍有其他社会支持（亲友、熟人）等；60—85岁拥有良好的婚姻关系；收入水平居于前25%。这就是著名的"格兰特研究（The Grant Study）"。研究名字源于最初的赞助者、慈善家威廉·格兰特（William T.Grant）。如今，这项研究已经持续了整整76年，花费超过2000万美元。那么，从中我们学到了什么？从这些人生活中提取出来的长篇累牍的信息到底教会我们什么？

首先，以下因素不太影响"人生成功"：最早猜测的"男子气概"没用，智商超过110后就不再影响收入水平，家庭的经济社会地位高低也影响不大，外向、内向无所谓，也不是非得有特别高超的社交能力。真正能影响"十项全能"帮你迈向繁盛人生的是如下因素：自己不酗酒、不吸烟，锻炼充足,保持健康身体,以及童年被爱、"共情"能力高,青年时能建立亲密关系,等等。

乍一看,感觉哈佛用76年熬了一碗浓浓的鸡汤——人生成功的关键是"爱"。这答案看上去太过普通,以至于让人难以置信。但瓦利恩特说,爱、温暖和亲密关系,会直接影响一个人的"应对机制"。他认为,每个人都会不断遇到意外和挫折,不同的是每个人采取的应对手段,"近乎疯狂类"的猜疑恐惧是最差的;稍好一点的是"不够成熟类",如消极、易怒;然后是"神经质类",如压抑、情感抽离;最后是"成熟健康类",如无私、幽默和升华。

一个活在爱里的人,在面对挫折时,他可能会选择和自己开个玩笑、和朋友一起运动流汗宣泄、接受家人的抚慰和鼓励等,这些应对方式能帮助一个人迅速进入健康振奋的良性循环。反之,一个"缺爱"的人,在遇到挫折时往往得不到援手,需要独自疗伤,而酗酒、吸烟等常见的"自我疗伤方式",则是早死的主要诱因。乔治·瓦利恩特说:"温暖亲密的关系是美好生活的最重要开场。"良好的关系让我们更快乐、更健康。就是这么简单!

良好、亲密的关系似乎能缓冲我们在衰老过程中遇到的坎坷。生活幸福的伴侣,无论男女,在他们80岁之后都说,当他们感到更多躯体疼痛时,他们的心情依然快乐。而那些处于不幸关系中的人,当他们感受到更多躯体疼痛时,这些疼痛被增加的情感痛苦放大了。

在哈佛76年研究中拥有最幸福退休生活的人是那些主动寻找玩伴来替代工作伙伴的人。正如调查中的年轻人一样,我们的很多研究对象在一开始还是青年的时候,真的相信声望、财富及高成就是他们必须追求的。但随着时间的流逝,在这76年间,他们的研究显示:发展得最好的人是那些把精力投入关系,尤其是家人、朋友和周围人群的人。

我自己已有46年的人生感悟,我非常认同上述的观点。现在看书的你,还年轻,还有大把的时间和机会可以聚焦到人生真正重要的事情上来。美国作家马克·吐温说过:"生命如此短暂,我们没有时间去互相争吵,道歉,

发泄、责备，时间只够用来去爱，可它又只有一瞬间，令人惋惜！"

第三，我的小建议：把自己的人生过好。

人们做事的原因有两类，一类是不得不做的，一类是作为享受喜欢去做的。前者是关乎生存的事情，后者是做自己喜欢做的事，找到活着的乐趣所在。我的观点非常简单：15—18 岁三年高中阶段开始学习思考人生、探索自我，用心学习，提高成绩，考进一所适合的大学，选择一个喜欢又擅长的专业；18—22 岁，好好珍惜青春时光，有目标、有意义地度过大学 4 年；22 岁大学毕业到 50 岁，职场 28 年，认认真真、勤勤恳恳地完成我们人生各个角色该做的事，并且尽最大努力做到自己的极限；50—65 岁，开开心心做任何自己想做的事，人生重在经历和体验；65—88 岁，平静地、坦然地接受老去的现实，安安静静地和爱人、家人、朋友待在一起，也跟自己独处。等到故去的那一天，我们就可以毫不后悔地说一句："还行，这一生值了！"

把自己的人生过好，不给别人添麻烦，你其实就已经为这个社会、这个世界做了有意义的事。这是不是你的人生意义呢？虽然听起来不是那么伟大，但也值得尊敬。

第三节 真正激励你的是什么

一、激励源于内在的动力

你的力量,有时来自外在的压力,但更多时候是来自内在的动力。有很多人问我,你在外企工作12年了,自己又创业了14年,怎么一直都这么有激情?那是因为,我从来没有失去过梦想。充满激情,是因为你有梦想;有了激情,你就会充满力量。

日本"经营之圣"稻盛和夫将人分为三种:不燃型、可燃型和自燃型。那些自燃型的人,他们靠的都不是坚持或自律,而是靠自己内在的驱动力在行动。从内在驱动力的角度来说,人是愿意为自己喜欢的任何事情去负责任的。明确这是你真正热爱的工作或事业,你就能够自内向外提高工作能力、敬业度,提升成绩。

二、体验与幸福感的激励作用

2016年出版的《你充满电了吗?:激活人生状态的精力管理关键》(Are You Fully Charged?:The 3 Keys to Energizing Your Work and Life)一书在业界广受赞誉,它从一个全新的角度阐述如何通过创造日常体验或幸福(Daily Experience 或 Well Being)来改变人们的行为,激活工作与生活的动力。

为了能够得到科学的研究结论,作者汤姆·拉思(Tom Rath)和他的团队翻阅了大量的文献,访谈了世界顶级的社会科学家,找到了2600种能够创造人类积极日常体验的方法。从这2600种方法中,汤姆·拉思的团队提炼出三个核心要素。这三个要素能够使人们保持活力充电的状态,从而创造积极的体验，它们分别是意义、互动、能量。意义，即我们所做的事对他人是有益的；互动，即我们与他人的积极互动远远超过与他人的消极互动；能量，即我们所做的选择可以改善心理与身体健康。

与其说人们终其一生都在努力获得幸福，不如说人们是在努力地创造每时、每刻、每天的积极体验。驱动力并不是虚无缥缈的概念，而是实实在在的体验。我们每个人每天、每时、每刻都在体验中度过，有些体验是积极的，有些体验是消极的。好的日常体验来自充好电的状态（Fully Charged）。当我们感觉充好电的时候，我们就会完成更多事情，与他人有更好的互动，头脑清晰，身体有力。当我感觉充好电的时候，我会觉得自己工作更高效，觉得自己是一个更好的妻子、妈妈、女儿……

在本书的后半部分，我会教你们如何找寻自己的梦想，用我实践20年并非常成功的工具和方法，找到自己的内驱力，早点找到自己的梦想，早点实现自己的梦想。

第四节　变化比计划快，还能规划吗

一、变化是"无常"，应变之道则是"常"

在日常工作和咨询中，经常听到这样的质疑：人生无常，如梦幻泡影，职业生涯规划如何帮助一个人立足现在，胸怀未来？的确，"无常"是人生的大问题，更何况职业生涯？

职业生涯规划专注的部分，不是陷于"无常"的泥沼，而是要从"无常"之中洞见"常"。举例来说，当我们用"无常"来形容世事、形容未来的时候，我们所要形容的状态就是一种"常"。变化是"无常"，应变之道则是"常"，这是职业生涯规划这门课程的基本要求。因此，生涯之学，即应变之学。

职业生涯规划作为一门综合性的应用学科，在西方已有百年研究历史。众多学者已证实，职业发展有其规律可循。在规律的指导下，职业可以得到更顺利、更深远的发展。你对规律掌握得越好，在变化的世界中，就更具主动性。相反，如果不懂得规律，只能因变化而随波逐流。变化是永恒的，其实并不可怕；只要掌握了规律，变化是可以接受的。职业生涯规划就是研究职业规律的学科，恰恰是针对职业变化的"应变之学"。职业生涯规划的一个重要意图是帮助你设立职业目标。但是，更重要的目的是要帮助你学会一整套职业规划和决策的技能，以便你可以随时使用它。毕竟职场中的你在不断变化，职场也在不断变化。我们制订的计划一般都是从自身的实际需求出发，所以无法考虑到太多的客观变化。其实变化之中蕴含着许多的机会，我们要正确使用自身的能动性，把握客观规律，只有这样，自己的计划才能更好地实施。

二、立足现在，着眼未来

中国台湾学者金树人老师说："一个人若是看不到未来，就掌握不了现在；一个人若是掌握不了现在，就看不到未来。"这句话说明了职业生涯规划的本质与精髓——立足现在，着眼未来。

在《物种起源》一书中，达尔文记载了一种雀，这种雀在不同的小岛上，因为环境不同、食物不同，进化出不同的形态，最终生存了下来。后来，这种雀就被命名为"达尔文雀"。达尔文在书中说："不是最强壮也不是最聪明，而是最适合的才能生存。"

今天的世界瞬息万变，曾经强大的企业，也在不断衰败。只有不断地进化，适合了，就被选择；不适合，就会淘汰。企业如此，个人也如此。那么，你是那只懂得"物竞天择，适者生存"的达尔文雀吗？

第五节　职场与人生都充满必然性和偶然性

一、人生本质上都充满不确定性

因为职场和人生都充满必然性和偶然性,所以应对方法就是"走出去,行动起来"。人生最重要的就是经历和体验,需要安定加不确定性。

有一个来询者曾经问我,如何才能从容面对人生的不确定性,甚至热爱不确定性?他是一个即将硕士毕业的留学生,对未来的发展方向、婚姻家庭和人生规划都充满了深深的不确定感,感觉一方面选择面很广,广阔天地可以大有作为;另一方面又感觉步步皆受困顿,也受身边同学和国内家人朋友影响,想多了不确定感又特别容易让他放弃。总想找到最优解,又有些急躁的他应该如何从容面对不确定性,甚至热爱不确定性?

我告诉他,人生悬而未决,你就永远充满希望。悬而未决,不是指具体的事件,而是心态。因为我们都在不断挑战、学习和追寻,以积极的方式不满足于现状,朝着梦想,埋头努力。所以,人生悬而未决,你就永远充满希望。我们能做的就是不断提升技能和眼界,把握行业未来的格局和个人的发展方向。

举个例子:以前我喜欢看《康熙来了》,它停播了,我觉得挺好,对于蔡康永和小S而言,这档开了十几年的节目已毫无挑战性,永远都是重复的话题和没有新意的老梗。与其被迫停掉,还不如见好就收。现在,《奇葩说》中的蔡康永优雅犀利,与《康熙来了》中温文尔雅、永远充当聆听者的他,完全不同,神情也比以前更灵动鲜活,因为他正在挑战全新的自己,探求更多的可能性,相信他的未来也绝不止于《奇葩说》和综艺领域。

所以,人生本质上都充满不确定性。决定一生命运的往往只是几个判断和决定。各种短期的偶然性会被时间熨平,最终的结果基本是公平的,一定是公平的。

很多人不敢去追求自己的不确定性,更多的原因是待在自己的舒适区习惯了,产生了依赖性。普通人要想成功逆袭,首先要突破自己的舒适区,打破自己的路径依赖。人生本来就充满不确定性,你唯有努力,做你能做的,不要想太多,想了也没用,怕的不是达不到,而是没有方向,一成不变。

人生是不确定的,但我们拥有大量的方法和工具来直面这种不确定性,成就不平凡的人生。努力的过程才是最重要的,通过学习和挑战,你才会一步步接近目标。人生的魅力,就在于它的不确定性,你是拥抱还是抵制,是不断向上攀爬还是随波逐流,永不满足的心态让你不需要闹钟就可日日早起。

当然,人生还有一面也很重要,就是接受自己的不足。没有人是完美的,也没有哪个人能制订一个完美的计划。我们每个人都要对自己宽容一点儿,接受自己的不完美,即使你真的失败了,没达到你想象中的成功,但彼时能说出自己真的尽力了,我想,那时的你也能原谅自己的,那个时候你也就能够接受人生的不确定性了吧。

二、拥抱偶然,善用机缘

既然人生需要安定加不确定性,那就应该拥抱偶然,善用机缘。首先,不排斥偶然和意外的发生,接受并从中找出更多机会。其次,培养抓住机会的技巧,保持好奇、坚持、弹性、乐观、冒险的精神。

如果你现在正读大四或者刚大学毕业,建议你去"北上广深"闯闯,不要立刻回到小县城躲在父母的翅膀下混人生。22—35岁,正是奋斗的年纪,学本事、学专业、提升技能的年纪,你的父母此时还年轻,不需要你天天陪伴和照顾。35岁以后,你在一线城市打拼了10多年,要么已经在大城市立

足，要么回老家的省会城市买房结婚生娃，距离父母并不遥远，工作和生活角色可尽量达到平衡。

如果你现在正在读高中，好好学习，这种应试考试考的不是聪明，考的就是心态，死记硬背也能拿高分，考到一、二线城市去读更好一点的大学，离家越远越好，离父母越远越好。我的女儿今年15岁，读高二，她刚出生时，我就规划了送她去国外读大学，所以她小学六年级就转去一所国际学校，明年她就要出国读书了。要知道，对16岁的孩子来说，能够逃离父母的掌控是她这个人生阶段最开心的一件事。我一直认为，一个人的一生经历中，一定要有在国外留学、生活的经历，一个人的眼界、视野、格局真的比学习成绩重要一百倍。

如果你现在正在职场上班，不要当月光族，上班5—10年后，赚够学费，去读一个国内或者国外的MBA，或者不为学位，只是出国游学一年，一边打工、一边游历。工作5—8年，给自己放一个半年到一年的长假，重新梳理下人生，做一下规划。我给自己在45—46岁定了3次国外游学的计划，我要先去菲律宾读2个月雅思入门封闭班，然后再去加拿大温哥华考一个职业生涯规划师的国际证书，再去美国参加全世界的生涯规划年会。我会学到什么？我会碰到什么样的老师和同学？我能成长和收获什么？对此我非常期待。

人生很长，慢慢来？NO！人生其实只有约3万天！终其一生，人最根本的是要管理好自己的生活！学习、培训和教育最终的目标是让我们具备面对未知的将来的能力！请记住这两句话。

第六节 人生是分阶段实现职业和人生目标的

一、人的动机是由人的需求决定的

美国心理学家亚伯拉罕·马斯洛（Maslow.A.H.）从人类动机的角度提出需求层次理论，该理论强调人的动机是由人的需求决定的。人在每一个时期，都会有一种需求占主导地位，而其他需求处于从属地位。人的需求分成生理需求、安全需求、社交需求、尊重需求和自我实现五个层次，如图3所示。

图3 马斯洛的人类需求五层次

"生理需求"指人类维持自身生存的最基本要求，包括饥、渴、衣、住、性、健康方面的需求。"生理需求"是推动人行动的最强大的动力。"安全需求"指人对安全、秩序、稳定及免除恐惧、威胁与痛苦的需求。"社交需求"

包括两个方面：一是友爱的需要，即人人都需要伙伴之间、同事之间的关系融洽或保持友谊和忠诚；人人都希望得到爱情，希望爱别人，也渴望接受别人的爱；二是归属的需要，即人都有一种归属于一个群体的感情，希望成为群体中的一员，并相互关心和照顾。这种需求属于较高层次的需求。"尊重需求"属于较高层次的需求，如成就、名声、地位和晋升机会等。尊重需求既包括对成就或自我价值的个人感觉，也包括他人对自己的认可与尊重。"自我实现"是最高层次的需求，指人希望最大限度地发挥自身潜能，不断完善自己，完成与自己的能力相称的一切事情，实现自己理想的需要。

对于需求层次之间的关系，马斯洛认为，需求的产生由低级向高级的发展是波浪式推进的，在低一级需求没有完全满足时，高一级需求就产生了，而当低一级需求的高峰过去了但没有完全消失时，高一级需求就逐步增强，直到占绝对优势。在马斯洛看来，一个饥肠辘辘的人，人生的目标就是找到食物果腹；一个缺乏安全感的人，他对人生的追求是安全；归属与爱和尊重需求一样，得不到满足就会有缺失；"自我实现"是少有人走的路，只有那些低级需求真正满足的人才容易走上自我实现之路。

马斯洛在《动机与人格》中所提到的五种需求层次在人体中是同时存在的，在正常人中并不存在只有某种需求单独存在的情况。马斯洛在书中提到，需求被满足则可以使人走向健康，而需求不被满足，遭受现实中的挫折、冲突、隐忍、约束等限制条件则会使人走向病态；严重者失去自我，成为变态，不严重者迷失自我，无法发挥自己全部的潜力。

真正理解马斯洛需求层次理论的人，会清楚自己所处的需求层次、心理环境，进而针对性地调整自己的行为，追求下一层次的需要的满足。因为他们知道，"真实的世界"就存在于那里。

二、我的马斯洛需求层次规划

我第一次看到马斯洛的需求理论大约在20年前，我对此非常认可。下面列举我的实践案例。

我的人生第一阶段是"生理需求"阶段，此阶段我最看重经济保障和固定的工资待遇。21—23岁，我给这个阶段的自己定的职业目标是先找份工作，能养活自己，绝不"啃老"。

我的高中在混沌中度过，我的大学在迷茫困惑中度过，大学毕业后，因为确定不想去国企从事会计工作，但又要先养活自己，那么，只有一条路——尽快找工作。于是，我去人才市场，看报纸招聘广告，去20人的小公司应聘前台、文秘、行政助理等要求不高的工作。每月有了固定工资，从"学生"的角色转变为"社会人"的角色，有了一个公司的岗位，也有了人生第一个职业。虽然职位很低、工资很低，但解决了第一个关键问题——自己养活自己。大学毕业了再也不能伸手找父母要钱，至于工资低，20岁出头，除了一张大学文凭，什么实操技能也没有，做为一名文员，对公司的价值就只值目前老板给的工资，没什么好抱怨的。做好下一步的跳槽计划，先找到自己的短板，找到培训和学习的路径，踏实学习提升，在文员的工作岗位只要积极主动，也能学到很多东西。

我的人生第二阶段是"安全需求"阶段，此阶段我最看重工作稳定性、有稍好的工作环境、职业有含金量。24—27岁，我给这个阶段的自己定的职业目标是从小民企跳槽去外企，正式从事人力资源工作。

我在工作的前3年时间换了三家小公司，第一家是一个报社，做采编，月薪400元；第二家是一个20人的房地产营销公司，做行政文员兼总经理秘书，月薪800元；第三家是北京的外企——百事食品公司在武汉开设的一个5个人的武汉办事处，做行政人事助理，月薪1600元。终于，在24岁时，让我抓住一个机会，从此改变了我的人生——面试成功飞利浦公司，岗位是人力资源专员，月薪是2800元。飞利浦公司在当年可以说是顶级的外企，当年武汉市的平均工资是800—1000元，房价是每平方米800—1000元。飞利浦所在的行业是快速消费品，我非常喜欢的行业，岗位是人力资源，虽然那时的我，并不能说清楚人力资源管理是干什么的？24—27岁，是我工作最努力的4年，关键词是加班、学习HR专业知识、补英文、被老板骂，

再加班、再学习 HR 专业知识、补英文、再被老板骂，此阶段目标是不要被公司炒掉，工作要尽快独立。27 岁做到了华中区的区域 HR 主管岗位，开始一个人独立负责华中五省的人力资源管理工作。

我的人生第三阶段是"归属和爱的需求"阶段，此阶段我最看重良好的人际关系，团队合作，得到团队成员的认可。27—32 岁，我给这个阶段的自己定的职业目标是熟悉一个行业，做到一家大公司的人力资源经理岗位，成为一个 HR 领域的专业人士。

6 年时间我上完了市面上所有和 HR 专业有关的课程，无论是考证的还是实操的，我有 12 本和 HR 有关的证书，看完了 60 本和人力资源管理、企业管理有关的书籍。30 岁生完孩子，从飞利浦跳槽去沃尔玛。当时沃尔玛是世界 500 强排名第一的公司，我入职的岗位是招聘及员工关系经理，从快销行业来到零售行业，岗位也有提升，管理员工的人数也大幅增加。沃尔玛整个人力资源管理体系做得非常好，在这里我如鱼得水，继续学习、成长，为企业发展做贡献。当然，因为我的专业和高效，我的工作得到了直接领导和公司总经理的赞赏。我实现了归属和爱的需求满足。

我的人生第四阶段是"尊重的需求"阶段，此阶段我最看重成就、地位、声望、自主性。27—32 岁，我的第三阶段和第四阶段是重合的，此时的关键词是人生渐入佳境。

经过 12 年的一线实操和线下学习，我也从一名"小白"成长为独当一面的 HR 专业人士，得到总经理和公司管理层还有员工们对我的认可。这个阶段对一个女人来说，还要完成谈恋爱、结婚、生孩子、买房、买车等人生大事，我逐条完成，均有收获。成就、地位、声望、自主性也都能感受到。我想，正是因为前面三个阶段的规划和落地执行，才让我顺利来到这个阶段。

我的人生第五阶段是"自我实现的需求"阶段，此阶段我最看重自由、兴趣、创造性、价值，做一个对社会有价值的人。32—50 岁，这 18 年，我给这个阶段的自己定了事业目标、生活和学习目标。

事业目标包括以下几个方面。

其一，创业，从零到一，自己开创一份事业。具体做法是成立武汉越秀人力资源服务有限公司，把自己12年HR一线实操经验研发成HR实操书和HR实操系列课程，销售给大学刚刚毕业、未来想从事HR这个职业的迷茫的年轻人，引领他们顺利入行，并陪伴他们成长。

于是，32岁时我毅然从外企辞职，强迫自己离开"舒适区"，创业前3年很辛苦，养不起员工时，自己一个人一天从早到晚上班干活，每一个工种都自己做，不会做营销，不会招生，只能靠学员口碑，创业12年受的苦、流的泪难以言表。

其二，研究"职业生涯规划和人生战略规划"领域。先学习国外先进的理念，再结合中国实际情况研发最经济实惠、性价比高、咨询效果好的咨询模式和产品，帮助中国上百万迷茫困惑中的年轻人，尽早找到自己的职业定位和人生目标，并能积极主动、踏踏实实地实现自己定的目标。我以此为我个人的人生使命。这12年来，我一直坚持学习各种知识和各类课程，一直坚持线下做一对一个案咨询，一直坚持开设职业生涯规划师考证班和实操班。我的这本书，就是12年学习实践的一个总结。

其三，担任政府的创业导师、高校的就业导师。这些都是公益性的角色，没有报酬，但把我的创业经验分享给刚刚创业或者想创业的年轻人，让他们少走当年我们走过的弯路，这是很有意义的。每年我都受邀去各地的高校演讲，已经去了全国50多所大学。我是一线实践派的导师，我给大一、大二同学讲如何好好规划你的大学四年学习和生活，规划和执行好了，到了大四找到一份好工作真是非常容易的一件事情；我给大三和大四的同学讲如何做好人生第一个职业定位，如何求职面试成功。每一场演讲都极其受欢迎。

生活和学习目标包括以下3个方面。

其一，完成好我的各个人生角色。比如，我有一个正在叛逆期的16岁大长腿的漂亮女儿，一边与她斗智斗勇一边陪伴她成长的过程，也很有意思，我应该是一个好母亲。我还是一对老人的好女儿，还是一个男人的好老婆，我会好好照顾和陪伴他们的。

其二，去国外读 MBA。这一项我已经完成，英国的 MBA 学位已拿到。未来 5 年，我每年都有出国游学的计划，进修我的人力资源管理和职业生涯规划这两个专业。

其三，坚持运动健身，重拾兴趣爱好。继续环游世界 10 个国家和地区（已经完成 50 个，还差 10 个），50 岁前实现我小时候的梦想——环游世界 60 个国家和地区。

我 50 岁以后的人生目标是什么？目前还不知道，还在探索，人生悬而未决就永远充满希望！

以上和大家分享的是我人生各阶段的职业和人生目标。对于这些，我的总结如下：第一，何时做何事是最小的人生成本；第二，人生是分阶段去实现目标的，所谓成功的生涯规划，就是在正确的时间做正确的事情；第三，工作者的角色贯穿一生，一旦失败，影响巨大；第四，生涯成熟度是生涯的一个重要指标，也是一个人是否成熟的重要指标；第五，生涯规划师的工作是发现与帮助来询者加速完成任务。

好了，该你思考一下自己的人生五阶段了。在本书的第三章中我将会给你一个工具教你如何思考和制订自己的人生阶段目标。

第七节　人生角色全局观

一、人生需要扮演10种角色

唐纳德·E.舒伯（Donald E.Super）是世界职业规划与生涯教育领域最具权威性的人物，是全球最有影响力的生涯发展研究者，为世界职业规划与生涯教育领域做出了不朽的贡献，被誉为"超级思想家"。

生涯彩虹图是舒伯为了综合阐述生涯发展阶段与角色彼此间的相互影响创造性地描绘出一个多重角色生涯发展的综合图形。根据他的看法，一个人一生中扮演的许许多多角色就像彩虹同时具有许多色带。他将显著角色的概念引入了生涯彩虹图。他认为角色除与年龄及社会期望有关外，与个人所涉及的时间及情绪程度都有关联，因此每一阶段都有显著角色。

舒伯的生涯理论，让我们看到了生涯的全貌，给出生涯宽度、广度理念，不同的生涯角色之间的平衡，"唯工作论"被打破。很多人职业发展问题是上一阶段生涯任务没有完成的原因。这些观点对我们都非常有启发意义。

我在自己"生涯彩虹图"探索中以及生涯咨询的实践中，把舒伯的9个人生角色延展到10个，它们分别是子女的角色、学生的角色、健康和休闲者的角色、公民和公益者的角色、工作者的角色、理财者的角色、朋友的角色、配偶及家庭的角色、父母的角色、退休者的角色，如图4所示。

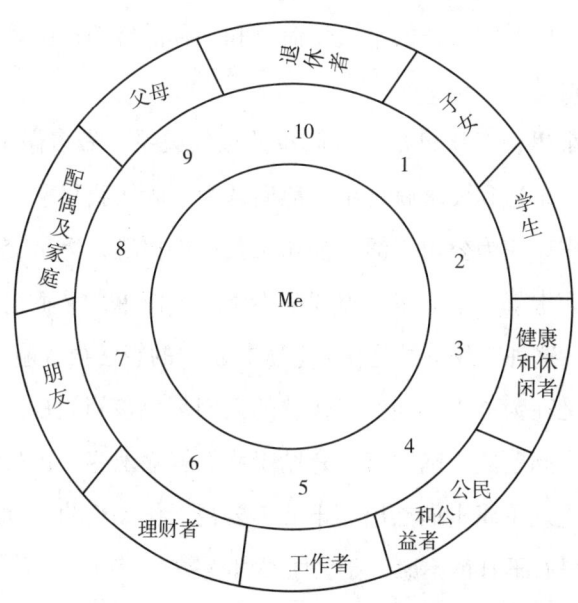

图 4　人生十角色示意图

二、人生十角色的巅峰体验

生活就是生动地活着,创造人生每一个角色的巅峰体验。下面是我对各个角色的一些看法,这些都是我 20 多年的人生实践经历和总结,希望对刚刚步入社会的年轻人有启发(观点仅供参考,不需要完全和我一样)。

一是工作者的角色。

首先,工作不是目的,更不是一种谋生的手段,而是一种工具——是你通向成功、实现人生理想和体现自身价值的工具。要利用工作,而不能成为工作的奴隶,自身的发展和完善永远要放在第一位。这个世界越来越靠"能力"吃饭,当你能力足够强,再加上做好职业生涯规划,你自然会永远保有职场地位,无论这个职场变成什么样。

美国慈善家、资本家约翰·戴维森·洛克菲勒(John Davison Rockefeller)说:"工作是一个施展自己才能的舞台。我们寒窗苦读来的知识、我们的应变力、我们的决断力、我们的适应力以及我们的协调能力都将在这样的一个舞台上得到展示。除了工作,没有哪项活动能提供如此高度的充实自我、表

世界500强HR人生管理笔记

达自我的机会,以及如此强的个人使命感和一种活着的理由。工作的质量往往决定生活的质量。"

在许多人眼里,工作只是一种简单的雇佣关系,做多做少、做好做坏,对自己意义不大,达到要求就行了。他们认为,既然我只拿这点钱,凭什么去做那么多工作。我为公司干活,公司付我一份报酬,等价交换而已。我只要对得起这份薪水就行了,多一点我都不干。工作嘛,又不是为自己干,说得过去就行了。这种"我不过是在为老板打工"的想法很普遍。

我们到底是在为谁工作呢?工作着的人们都应该问问自己。对于"你在为谁工作"这个问题的正确回答,有助于我们解除困惑,调整心态,重燃工作激情,使人生从平庸走向杰出。千万不要视工作如鸡肋,食之无味,弃之可惜,结果做得心不甘情不愿,于公于私都无益。

当你开始推诿责任、当你丧失工作激情、当你对工作产生怨恨的时候,请暂时停下手中的工作,静静反思一下这个简单而又包含着深刻人生意义的问题——你在为谁工作?

其实,每一个人都在为自己工作!

老板提供了一个实操的平台,每月还发工资给你,你抱着这个正向的心态,工作3年、5年、10年,你积累了行业经验、岗位经验、人脉关系,如果企业的商业模式正确,创始人有格局、有领导魅力,你就可以跟这家公司一起成长。否则,职业市场有大把的工作机会等着你,关键是你拿什么能力和价值去兑换你的薪酬。

来找我做职业生涯咨询的年纪超过38岁的人,我基本上就会婉言谢绝,知道为什么吗?

我做过企业的招聘经理,企业除了个别一些管理岗和技术岗位,基本上都不招38岁以上的人,即使我们招管理层和技术岗位,我们大多也会通过猎头公司去挖,极少通过招聘网站、现场招聘会去招聘。你如果到了38岁还没有猎头公司主动挖你,基本上也说明你在这个职业市场已经没什么价值可言,不要把责任怪在别人头上,要怪就怪你自己20—38岁不努力,你怎么得过且过地过生活,生活总有一天要原样还给你。而且,工作者的角色贯穿一生,一旦失败,影响巨大,它会影响你其他人生角色。比如,没有女人看上你,你找不到老婆,年年都过光棍节;比如,父母住院做手术,你拿不出医疗费;比如,看到朋友圈十一长假晒海边潜水度假,你只能去家门口三公里的、不要钱的、去了一百遍的江滩公园转转。人和人为什么会这么不一样,最主要的区别就是一个人的思维格局。20—38 岁,人生 70% 的时间请投入做好"工作者"这个角色;38—50 岁,可以投入 60% 的时间做好"工作者"角色;50 岁以后,如果还是每天打卡上班,每个月为了工资还在挤地铁上班,就有一点可悲。这时你是否会感慨:年轻时候的自己,为什么不再努力一点。

二是学生的角色。

"终身学习"是指社会每个成员为适应社会发展和实现个体发展的需要,贯穿于人的一生的、持续的学习过程,即我们常说的"活到老学到老"或者"学无止境"。

一直到读完大学,我的理解,学习就是考试。直到 2007 年进了飞利浦公司,公司的企业文化中有一句:终身学习。后来又查了国外对这个词的解释,定义是"它是让我们具有快乐生活能力的学习。"我喜欢这个定义!

学习其实是一件反人性的事,"懒"是人类共同的弱点,"不劳而获"是每个人内心中都拥有却不好意思明面上说出来的一个词,每个人都有这个欲望,只不过程度不同。所以,有一句话叫作"学习是一种信仰"。很多人之所以有学习焦虑症,就是因为没有目标才不停地"学习"。知道自己需要什么,才能开始真正的学习。

一个人学习效率高不高,不是看他买了多少书、听了多少课,而是看他是否先规划自己的"知识体系"。比如,你如果想入行做人力资源工作者,而大学所学非人力专业,想一年后成功入职这个岗位,那么你应该做的第一件事是去前程网和智联网上搜索"人力资源专员"这个岗位的招聘广告,找出 10 家最心仪的公司,把广告挑出来。你要做出一份标准版的"工作职责描述和岗位任职要求",然后对比自己的知识、能力和素质,找出与这些广告上要求的差距。你还要做一份"学习计划",明确哪些是可以通过看书学习的、哪些要报班买课的等。

人的时间和精力是有限的,成年人的学习要把时间、财力、精力投入到对自己最有帮助和产出的学习项目上。先建立全局思维,不能让大脑天天被碎片化影响,然后根据能力差距制订学习进度计划,比如,人力资源六大模块(人力资源规划、招聘与配置、培训与开发、绩效管理、薪酬福利管理、劳动关系管理),先学招聘和劳动法模块,再学薪酬福利和社保模块,最后学绩效和规划模块。

学习就两件事,第一是找到学习目标,第二是坚持。要想办法提前预知自己需要怎样的技能,确定那是一个自己可以通过练习掌握的技能,然后制订出长期计划,一点一点地执行这个计划。

三是健康和休闲者的角色。

我的休闲爱好三大类:旅行、看电影、运动。首先说说我的最爱——旅行。

人生很短暂,有空多看看风景,看风景是人生的一支优美的插曲,看风景是人生忙碌的小憩,看风景是人生角色的转换。短暂告别"工作者"的角色,闲暇时融入大自然,看看蓝天中飘浮的云朵,放飞下心情吧!每个人在听到我20年去了50个国家旅行之后,第一反应一般是这得要花多少钱啊?你怎么有那么多时间呢?我的答案是,如果你有一个足够热爱的梦想,这个梦想就会激发你的无限潜能。

为了能在50岁前实现环游世界60个国家的梦想,要先解决时间和钱的问题。我的解决办法是,上班时,找一份正规的外企工作,因为它有好的年假制度,一年年假12个工作日;好好学习,用各种方法不断提升自己的职业技能。努力,只有2个字,但已经足够用了。为了提升工作技能,争取升职加薪赚更多钱,我在23—32岁在外企工作,边努力工作边旅行,这10年我走遍了全中国最美、最好玩、最值得去的地方。32—45岁,为了有更多自由的时间出去旅行，我选择了下海创业。"自由"，对我来说比钱重要太多。其实，旅游花的钱，远比各种奢侈品便宜多了，你的一个名牌包，就够我去埃及看十几天金字塔了。所以，钱这个事儿，就是个人的价值观，愿意花在哪儿，完全取决于你自己的选择。但为了去更多的国家旅行，一个发自内心热爱的兴趣，放到无限大，也足够励志。

再来说说看电影。一部电影就是一种人生，电影是一种多元化的艺术形式，不管你想了解什么，学习什么，都可以从中吸取养分，滋养自己的人生。电影，能让我们看到更大的世界：《肖申克的救赎》告诉我们什么叫韧劲；《当幸福来敲门》告诉我们"如果你有一个梦想，就要去捍卫它"；《幸福终点站》告诉我们怎样坚守原则；《这个杀手不太冷》则对我们说，生活不只童年时艰难，而是一直如此。电影还有一个作用就是帮你对抗寂寞，人生漫漫，每个人总有偶尔孤独、寂寞的时候，一个人或者两个人或者一家人一起去电影院看一部电影，也是极美好的一种体验。

对我个人而言，看好电影另一个极大的吸引点就是看电影能够帮助我提高逻辑感，高智商电影带给我们的酣畅淋漓之感，让我们不得不佩服导演的匠心和巧思。喜欢看逻辑、悬疑的电影的人，自身的逻辑感也不会弱。我一年大约要看100部电影，电影看得越多，越感到世界的庞大和复杂。清新的、温情的、科幻的、文艺的、腹黑的，在世界上这么多人过着不同的生活。有这么多不同"三观"的人，都有着不同的故事和相同的情感。多看电影，能让我们更加多元化和更加包容。

旅行，让我可以真切地感受世界；电影，告诉我世界有无限可能。

最后说一下运动。我曾经也是个胖子，体重150斤，坚持运动3年，目前维持在118—120斤。我先解释一下肥胖是如何产生的。人体若每日摄取的热量多于维持机体基础代谢和日常生活等身体活动所需要的能量时，多余的部分便会在体内，包括皮下、脏器和血液中，以脂肪的形式储存起来，主要表现为脂肪细胞的数量增多和细胞体积增大这两种形式。堆积越多，人就越胖。由此可见，引起体脂增高的主要原因有：摄取热量过多，缺乏对摄入能量的运动消耗,基础代谢率水平不高。既然如此,针对这些原因有的放矢地进行即可抑制肥胖,达到减肥的目的。

我减肥开始的那一年,买了市面上所有健身减脂的书,下载了20多个相关的APP,先学习再订计划。还生怕自己不能坚持,我还发起举办了五期减脂营,邀请了一群胖子一起减脂,请了专业私教每天在群里面教学和进行监督。我们的减脂营,每年春天、夏天、秋天都开营,冬天休养生息。相信我,一个人减肥一般是减不下来的,减肥第一要有科学的方法,第二要有一群胖子的互相监督。

四是朋友的角色。

与他人的关系,能对你的健康幸福和生活质量产生巨大的影响,因此,强化社交关系的人生目标,将会使你受益颇多。那些与家人、朋友、同学、同事拥有固定、积极关系的人,会拥有更充实的生活。无论你在工作或生活中取得多少成功,如果没有人可以分享,乐趣少了一大半。生命中因为友情而更美好,爱别人以及被爱是世上最幸福的事儿。朋友在我们的职业生涯发展中扮演着支持协助或穿针引线的关键角色,让我们的成就产生加倍的效果,更胜于闭门造车或孤军奋战,绵密的人脉网络可发挥彼此相辅相成的作用。

多和朋友聚一聚,有空时,别忘了给朋友打个电话,有烦恼了约朋友出来聊聊,也倾听下朋友的烦恼,试着寻找更多的朋友,拥有一个良好的人际关系网,真挚的友谊是万万离不开的。结交真正的好友要具备一颗宽容的心,不能太在意别人对你无心的伤害,而要牢记别人对你的帮助。在寻找好友的过程中,别忘了让自己成为一个诚恳的、鼓励人的、乐观的、幽默的、乐于助人的、愿意听人诉说的人,并尽力去帮助你周围的亲人和朋友。唯有更多人愿意付出,快乐通过人际网扩散的速度才能更快。

我平时工作、生活、学习都排得满满的,所以我实在没有太多时间一个个约朋友聊天吃饭。我有一个做法,就是每年双月最后一天,我组局约9个朋友聚会吃饭,10人一桌,因为超过一人就会聊不过来,所以每次控制在

10人正好。2月是幼儿园加小学同学聚餐，4月是初中同学，6月是高中同学，8月是大学同学，10月是工作上的朋友同事，12月是大杂烩，谁赶上谁来吃，我定的规矩是AA制，是不是很好？高效、有趣、固定时间见面。经常有朋友想单独邀请我吃饭，我统一回复是，两个人吃饭时间上太奢侈，我们再叫8个人凑一桌吧。事先定一个主题，比如，公司商业模式的探索、人力资源管理这个职业的未来发展前景、商业的职业生涯规划如何开展、如何和叛逆的孩子斗智斗勇等，然后邀请对话题有兴趣的、有关联的朋友，认识的不认识的，大家一张罗，一个有意义的饭局就成了。

五是子女的角色。

如果没有父母，你又会在哪里？是父母带给了我们生命。无论你是经历幸福童年还是痛苦的时光，我们的家庭将我们塑造成了现在的自己。世界上不存在完美的父母，不要责怪他们，每个人都是人生第一次做父母这个角色，你的父母都是普通人，他们在做父母这个角色时，可能自己也还不成熟。你无法选择家人，但你可以选择放下，选择去爱你的家人，等你大学毕业参加工作后，你才会有亲身感受，照顾一个人是多么有难度的一件事，更别提养活一个家庭了。所以，对父母好一点吧，特别是在外漂泊的游子。经常给家人打个电话，他们会很高兴，如果父母喊你回去相亲，只要有时间，去去也无妨。找些时间和机会感谢父母在养育你的过程中付出的艰辛和努力。我们要像西方人一样，大方地表达爱和感恩。告诉家人，你爱他们，希望他们健康，不要省钱，该吃吃该喝喝，人生苦短，享受和他们在一起的时光。直到自己做了父母，我们才会懂父母对我们的爱是世间最朴实、最真挚的。

举个例子。我每个周五会回父母家吃饭，我父亲在家里做了一桌我最爱吃的菜，可到了吃饭点，我母亲不在餐桌上，次数多了，我才发觉，后来我下楼去找，看到母亲站在我的车旁边。因为我父母家是一个20世纪60年代的老小区，没有停车场，我上楼吃饭只能停在楼栋门口马路边上，停车非常不方便，一停路边偶尔就会被贴条。我心疼钱，所以，每一次冲上楼，赶紧吃两口饭，就快点下楼开车离开避免被贴条。我只是无意间说车被贴条了，我母亲便记在了心里，所以，每次她都去楼下看着车，为了让我在楼上安心地多吃几口饭。

我个人还是鼓励年轻时离开家乡多出去闯闯，22—35岁时，你的父母还是中年，城市的父母都还没退休，身体也还算好，你没有什么负担，可以好好投入时间、精力在学习和工作上，多赚钱。逢年过节多回家看看，和父母同城的孩子，保证每周回家和父母吃一次饭，每个月领父母下一次饭馆，每季度请父母去看场电影或者去逛逛公园，过年吃"年饭"时主动问问父母以下三个问题：爸爸、妈妈，你们俩的新年愿望是什么？如果只能让你选一个，你们俩最想去哪个城市（或者国家）旅行？明年我做些什么，你们老两口会过得更开心？

你可以用自己的钱和时间帮助父母实现一下他们的小愿望，在父母在世时，做一些有用的实事，比父母过世后摆一排花圈有意义得多。

有一个真人秀电视节目，因为现实中好多孩子们和父母相处得并不好，孩子嫌父母唠叨管得太多，节目组运用化妆特效，把40多岁壮年的父母打扮成七八十岁老态龙钟的样子，当化好妆的父母再次突然出现在孩子面前时，孩子们都惊呆了。时光飞逝，父母老得很快，我们每一个孩子与父母人生交集的时间其实很有限。

《朗读者》有一期节目，朗读嘉宾是斯琴高娃，她在节目中回忆了自己的母亲，朗读了作家贾平凹的一篇文章，饱含深情，听众泪如雨下。很多人都有同感：父母老得太快了。我有一个同龄的朋友，母亲过世3年了，她一直在上海打拼，以前一年只能春节时回武汉陪母亲待几天，就算回来，也总是出去参加同学朋友聚会，和母亲并没多少话，至今她依然感到后悔，"母亲在世时，如果能让她做更多她想做的事，那该有多好……"父母是我们每一个人最重要的精神支柱，当外在环境充满了挫败体验时，也只有父母仍然诚心地接纳我们，不断为我们打气加油。

我一直生活在武汉，除了2012年"北漂"一年，每周五晚上是固定家

庭日,三代人聚齐在一起吃饭聊天看《新闻联播》,多么和谐的画面!每年春节前或者春节中,是家庭旅行节,我带着爸爸妈妈及孩子一大家子人,去过新加坡、马来西亚、泰国、中国台湾、中国香港、中国澳门、韩国、三亚、江南古镇。2018年春节,我们去了珠海长隆海洋公园看企鹅、北极熊,带他们住五星级酒店。下个月(2019年5月)我要带父母去菲律宾第三大城市——宿务,在海边住上一周。2020年4月,我会带父母去趟日本看看樱花,去日本就是我问了他们第二个问题,"如果只能让你们选一个,你们俩最想去哪个城市(或者国家)旅行?"

我觉得我们这一代子女应该努力做到下面四点。

第一,不要给老人添麻烦。比如,你的孩子能自己带就自己带,不要麻烦父母,除非双方家长主动提出来,他们想帮你们带孩子。也不要"啃老",不要毕业了还是天天住在父母家,父母养你最晚到22岁大学毕业,你就要独立了,不要再花他们的钱,不要让他们出钱给你们买房子、买车,父母没有这个义务。你们的好日子都是你们两个人拼搏得到的,那才是真本事。父母的钱留给他们自己花。

第二,如果你在外面漂,给父母家配上电脑、摄像头、智能手机,经常通话、视频,善用高科技手段,很容易达到时间和心情的共享。

第三,努力工作、保持上进。在事业上有追求,并不是要功成名就,而是要有一门手艺、有一项积累的专业技能,无论是年轻时,还是自己老了后,都能有足够的物质保障,让父母放心。即使他们不在世了,你也能很好地活下去,有幸福的家庭和下一代传承。所以,你要有这些行为让父母看到,等他们放心了,自然不会干涉太多你的生活。

第四,等你独立了,有一定的经济条件了,帮助你的父母去实现他们还没完成的心愿和梦想。

我们身边经常会发生这样的事情,某人一直在努力地工作,拼命地赚钱,无暇顾及家人。当别人责问的时候,他却理直气壮地说这样拼命赚钱也是为了家人能够过上好的生活。这确实是实话,这样的行为无可厚非,然而他没有想到人的生命是有限的,年老体弱的父母有多少时间来等待儿女呢?即使等到了,又能享受多久呢?因此,当他成了一个有钱人的时候,他的父母也许早已在孤独与寂寞之中离开人世。

对于老年人来说,全家人坐在一起吃饭本身就是一种天伦之乐。

六是配偶和家庭的角色。

我看过的最有意思的描述爱情的金句是"爱情很有趣,充满快乐,直到有人受伤或者怀孕"。好有哲理。爱情不是人生的唯一,不是人生的重心,更不是人生的全部,不要陷在爱情里,为爱情而找爱情。爱情不可能百分之百地填补你生命的空缺,感情要双方都成熟,否则只是在吵吵闹闹中互相折磨浪费时光而已。

在规划自己的未来时,不要把感情规划进去,因为感情要随缘,可以被期待,但不能被规划。不要老问自己,Mr.Right何时来?自己不能爱自己,自己不能独立成长上进,与别人在一起就会很容易出问题,因为你放弃了自我,成了依附在对方生命上的不完整个体。久了,对方会觉得是沉重的负担,两人的感情会开始渐生不满和冲突。如果你一直觉得眼前的人都不好,那表示你应该把自己拉到更高层次上,无论是你的外在还是内在,唯有提升自己,你才可以遇到同一水平的人。唯有自己成熟稳定了,才能与别人健康地相处。成熟健康的爱情应该是两个同向圆,应该是两座山头,各有各的风景,各有各的呼吸空间,互望成风景,风在其间吹出默契,会让自己看到另一个精彩生命的内部,进而双方一起共度生命的美好时光。

我不是爱情专家,但我有一些心得和小建议给你。

第一,好好享受你的单身生活。

所谓的成熟,就是你越长大,越能学会一个人适应一切。或早或晚,你生命中的白马王子或白雪公主会出现在你的身边,在这天来到之前,尽一切可能让自己足够优秀。这个优秀不是跟别人比,是跟你自己比,否则,即使未来有一天,他或她出现在你面前,因为相差太远,也只能眼睁睁地错过,到那时已经后悔莫及了。

好好享受你现在的单身生活，单身是发展友谊、尝试新事物、随心所欲做自己的宝贵时光。变成自己梦中情人的样子，照顾好自己，活出最好、最健康的自己。一位智者曾说，想成为别人的某个人，你得先成为自己。这话太对了，我见过太多例子，变成自己理想的那个人，为自己、为自己的人生感到高兴。你会因此变成一个更好的人，你也能吸引跟自己合得来的人，在你最不抱期望时，爱情就会出现，时机合适时，该来的总会来。

你想要等到一个好的人——善良、忠诚、有责任感、有担当，就先让自己成为这样一个好人，然后托付终身，荣辱与共。

你早晚都会进入买房、买车、赚钱、养孩子的"一地鸡毛"生活里，好好享受现在的单身生活吧！

第二，结婚还是要去找你的灵魂伴侣。

爱情是女人生命中很重要的一件事情，因为它可以让女人更有魅力、更性感。

那什么是"爱情"，有一双手握住我时，温暖会像电流一样，瞬间传遍全身；有一双眼睛看着我时，世界就变成他一个人；有一个肩膀靠起来，什么困难都不怕；有那个人在，快乐就在，幸福就在，什么都在手中，那一些感觉，就叫作爱情。

如果你是奔着结婚去谈恋爱，在婚姻中，真正能走得长远的一定是价值观、生活态度、人生目标趋同或相同的人。

如果你们两个人在差距太大的环境下长大，两个人的生活价值观、金钱价值观和成长经验会有很大的不同，而这些差异又关系到对生活的态度和人际关系的相处模式。恋爱中没有实际接触和实际的生活状态，这些差异还不会暴露出来，可一旦结了婚，每天朝夕相处的生活，矛盾极容易出现，而且无法根本解决。所以，很多婚恋专家会赞成婚前同居，或者至少是两个人的长途旅行都是一个发现和了解的过程。恋爱是花前月下，只看到对方的优点；婚姻是柴米油盐，看到的是对方做的一件件琐碎的小事。婚姻会在厌恶和争执中损耗殆尽的。经济上、精神上、心灵层面上能让自己变得更好，婚姻才有意义。否则，婚姻就真的成了坟墓。

我在线下做了 10 年职业生涯规划的咨询，80% 的人是女生，这 80% 的女生中又有 60% 是大龄未婚女青年，我知道好多女生嫁不出去最大的一个原因除了没有人生战略规划外，就是不知道自己要什么样的男人来当配偶。

练习一：明确你的感情需求

下面的小练习特别实用，想恋爱前，自己做一下吧。

回答下列问题可以帮助你厘清在感情问题上最关注的部分，帮你明确一段感情是否适合你。

1. 哪些外在条件是你的伴侣必须拥有的？
2. 哪些内在品质是你的伴侣必须拥有的？
3. 你的伴侣拥有哪些品质可以锦上添花？
4. 伴侣的哪些品质或行为会直接导致你分手，也就是你的底线是什么？
5. 如果从以前的失败感情经历中反思自己，你觉得自己在哪些方面做出改进能对现在或未来的伴侣之间的感情发展有积极的帮助？
6. 你最喜欢单身生活中做哪五件事？
7. 你最喜欢在恋爱期间做哪五件事？

第三，余生太短，还是要和有趣的人在一起。

有趣，是源于对生活的热爱。能把平凡琐碎的日子过出有趣的味道，这个人跟你是同频，你们思想在一个频道，你说什么，他能马上明白，听完你的想法，他还能跟你交流，说说自己怎么看，两个人相互启发，节约了好多沟通成本，相处过程很舒服。

有趣的人，还有一个好处，就是他会感染你，让你也更热爱生活。赚钱是大学毕业到 45 岁之间的首要任务，因为要买房、买车、成家立业养孩子。可人生有七八十年的日子要过，等你们夫妻俩一起拼搏 20 年后，到了 45 岁以后，缺的往往不是钱了，而是"情趣"和对生活的态度。有趣的人对周边

第二章 用战略思维管理人生

事物有更敏感的洞察能力,能看到"美"和"自由"。有趣的人内心丰盈,他或她的生命从不停止追求"美和自由"。一个"有趣",另一个"无趣",日子就不一定过得下去了。

在你还没遇到那个"有趣的灵魂伴侣"前,可以先把自己培养成一个有趣的人。我自己真的是一个有趣的人,每年去旅行探索新世界;我还是个吃货,全世界好吃的东西我都想尝尝,曾经为了一款美食开车下乡三个小时去寻找;我每年都要学习一个新技能,上一个新技能是去马来西亚考潜水证和与鲨鱼同游;我还专门去上海,找了一个老上海的写真馆拍了一套三姨太的照片和旗袍淑女照。

每个人内心深处都住着一个艺术家的灵魂,也许是写作,也许是绘画,也许是创作音乐,也许是跳舞。找出自己所具备的艺术创造力,在生活中为这些事而腾出更多时间,比如参加兴趣班,或者多留出一些练习的时间,哪怕每周只抽出一小时也行;又如多培养自己人文艺术方面的兴趣素养,多看一些有思想、有趣的书。

第四,女人一定是先好好爱自己。

每个女人的内心都住着一个女汉子,女人的强,强在"韧"。从人生来说,前半程也许是男人领着女人(当然,也不一定),后半程却是女人照顾着男人(确定是)。几乎所有的女人都是天生的母亲,最后用百折不挠的母爱支撑她的家、她的孩子和她的男人。你若不勇敢,谁替你坚强?

女人是自觉自愿地跟着岁月走,不需要任何人教她,她到了一定时候,就会自动转变成她应该成为的那个角色。为了她所爱的和在乎的人,有时候女人是没有底线的。越是这样,女人们,请先好好爱自己。爱自己,为自己而活,然后我们才能好好地去爱别人,爱这个世界,以及被爱。

第五,不合适就放手吧,爱你自己也是爱对方。

如果你已经在恋爱或者婚姻中,如果你们发现双方都很累,感觉双方都在迁就对方,此时,你们要分别真诚地问自己的内心两个问题:"另一个人给你的生活带来了什么价值?""跟他或她在一起的日子,我有没有由内到外地感到开心和幸福?"没有人是完美的,生活就是一个寻找搭配的过程,既然你和另一半生来都不完美,那就寻找能够互补的方法,找到能为彼此提供价值的空间。如果两个人不合适在一起,不管是别人告诉你这一点,还是你自己认识到这一点,该放手时就放手,别把不适合的感情拖下去,诚实一点,结束一段不适合的恋情或者婚姻,同样有价值。结束上一段,才能开始下一段,悲伤在你心里刻下了越深的痕迹,你就越能容纳更多的快乐!

第六,婚姻不需要吵闹的仪式,需要两个人的使命宣言。

我从来不认为结婚的仪式有那么重要。我在欧美国家旅行途中,经常偶遇外国人结婚,我站在那看,在教堂门口,新娘新郎穿着洁白的婚纱和帅气的西装,这不是重点,重点是周围所有的亲戚朋友、宾客全部是盛装,女士晚礼服、精致妆容,男士西装或者燕尾服,连小孩子们也打扮得特别正式,整个画面特别美好。教堂仪式完成,他们就会去公园、草坪上办酒会舞会加一些冷餐,不像中国的30桌、50桌的大吃大喝,对中国的新娘新郎来说,那一天不叫结婚,完全就是上战场。

新时代的女性,选一个自己喜欢的方式完成你的结婚典礼吧,这点自由还是要争取的,不需要取悦任何人,这是你的婚礼。

我在1997年上美国版权课"高效能人士七个习惯"时,老师就让我们每一个同学做了一个课堂练习,拿一张A4纸写"我的家庭使命宣言"。这是一个真正有用的好方法,介绍给你:在你们结婚之后,去海边度蜜月时,坐在沙滩上,或者两个人坐在一个温馨的咖啡厅,或者坐在美丽夕阳下,一起商量着写下你们的家庭宣言。它是你们经营婚姻的准则,共同制定,执手同行。

举个例子,我们家的"家庭使命宣言"内容如下:

- 我们要兼顾事业和家庭、工作和生活,两者都很重要。
- 我们不要忘父母、手足的亲情,随时随地去关心他们。
- 我们要教导子女有爱心,进取与充满欢愉地生活,让她体验到乐趣无穷的人生。

- 我们要保持积极乐观、幽默的生活及处事态度。
- 我们要珍惜现在的每一天，淋漓尽致地过好每个人生角色。
- 身体健康永远是最重要的、排第一位的。
- 金钱是人的奴隶而非主人，我们要追求经济独立，量入为出，并定期储蓄和投资。
- 家庭是平安祥和与幸福之地，我们要以智慧和勤劳来创造舒适温馨的环境。
- 我和你是彼此这一生中最重要的人，这一辈子同甘共苦，携手前进。

以上宣言是我和我的"他"共同制定的。我们没有世俗的仪式，但我们很幸福，外人不能体会，当然，也不需要外人体会，这是我们俩的日子。

第七，不想打击你们的一个结论。

就感觉而言，虽然已婚人士比单身人士幸福，单身的人老自嘲是"单身狗"。但是，"婚姻"对于个人幸福感的影响是非常小的。例如，有一项在16个国家中进行的研究结果表明，25%的已婚人士和21%的单身人士都认为自己"非常幸福"，由此"婚否"，对我们幸福水平影响很小，这个发现令很多人感到震惊，但事实的确如此。德国科学家所进行研究的结论是，因为婚姻而增加的幸福感仅仅持续两年就回到了原来的水平。真不想让刚刚新婚的小夫妻看到这个结论。如果希望婚姻的幸福感不要消失或晚点消失，你们俩就要下定决心做一个好太太和好丈夫，用心经营你们的关系。

比如，配偶之间要投入时间经常交流，婚姻幸福的夫妻每周至少花5个小时进行交流。这确实有点难，先从每天交流10分钟开始吧，一起饭后散散步，每周腾几个小时与对方共处，可以说话或一起做件什么事，如一起做饭、去看电影等。每个星期安排一次独处的时间，一起吃晚餐，一边聊聊彼此的心情，如果有什么不满、烦恼，也可以共同讨论解决的方法。每年安排一次只有两个人的旅行。

比如，表达你的赞赏、感激和情感，可以语言表达，也可以身体表达。要知道结婚两年后，夫妻双方就已经把对方的一切和彼此之间的关系都当作理所当然的事了。幸福的夫妻要能够在更深的层次上产生共鸣，包括共同的生活习惯、梦想和目标，彼此给予支持、帮助对方实现理想。就像现在的热词"灵魂伴侣"，创造一种只属于你们的内心世界，让你们一起成长，共同探索人生方向，迎接各种挑战，并承担家庭责任。

比如，最简单的方法是每年年底两个人一起制订一个明年的目标，包括3个生活目标、3个工作目标、3个学习目标。目标是你们俩一起实现的，这样努力一年目标达成时，不光代表小日子过得不错，更重要的是你们俩就会盯着目标，求同存异。

我知道，一直这样做5年、10年、20年真不是一件容易的事。任何能够给生活带来重大改变的尝试，都需要付出大量且持久的努力，而很少有人能做到这一点。

七是父母的角色。

在中国你常常看到或者亲身经历这样的情况——孩子上学，父母接送；孩子考试，父母在校门前翘首以盼，一等一天；孩子要读文科不读理科，父母坚决反对；孩子要选大学一个专业，父母继续干涉，强加一个自认为好的专业给孩子；孩子毕业，到处托关系找熟人给他安排工作，非得花20万元买一个自己以为铁饭碗的工作；孩子结婚，对象一定要经过父母的同意，父母不同意，这桩婚事还是算了吧。

我想说的是，在这个世界上，每一个人都是独立的个体，你的孩子不是你的孩子，他首先是一个独立的人。别用"爱"的名义控制子女的人生，那是他们的人生，我们生了他，我们的责任和义务是养大他到18岁，并尽我们父母最大的努力给孩子创造最好的学习和生活环境。至于你们孩子是不是学霸，能不能考得上你都考不上的名校，未来他们能不能找到好工作、好老婆都是他们自己的人生。父母不要用"经济"和"孝道"的方式来压迫孩子。

太多父母，从小就掌控经济大权，掌控孩子的人生，让孩子没有能力养活自己，必然依靠父母，寄人篱下当然要言听计从。孩子没有经济能力，自然就没有决策能力。中国的父母总认为，孩子是他们的一切，是他们的唯一，他们当然要把握好如此的自主权利，他人不得干涉，更不允许孩子逃出自己的手心。父母认为，我给你你要的一切，但你要听从我的。你的生活，只有我给你的你才有，就算我不能给你，你也要经过我的同意才可以有。我说不，你就得不。被养育了这么多年的孩子，从小就顺从父母，自然大气不敢出。在美国很多孩子一边上学一边给餐厅打工当服务员，读大学自己贷款付学费，寒暑假和周末打工赚钱还贷和养活自己，对于他们来说，这是一种自力更生的权利，重要的不是能赚多少钱，重要的是那些钱能让他一个人吃饱饭，能一个人养活自己。

中国的小孩没有养活自己的能力，因为父母舍不得。因为舍不得，所以缺少历练，更加依赖父母。等到成年的时候，有了自己的想法，想要抗拒，已经来不及了。我们看到新闻媒体报道的故事中，那些"妈宝男""妈宝女"，住着父母买的房，吃着父母做的饭，拿着父母的钱去旅行。父母觉得理所当然，孩子"啃老"啃得心安理得。在孩子小时候，父母就没学会放手，他们替孩子解决一切烦恼、扫除一切障碍，建立了紧密的寄生与宿主关系。父母是没长大的孩子，孩子也是长不大的孩子，他们组成的"长不大二人组"，互相折磨、互相消耗、互相牵制过完自己的一生。

各位父母们，你们要有自己的人生！

你自己才是你生命中最重要的人，你和你丈夫（或妻子）的关系是家庭中最重要的关系。为了孩子牺牲自己、损害健康、放弃事业和梦想，这不是高尚，不是爱。这是因为你的人生本来就没有目标，你本来就没有事业，你们本来就不相信爱情，你们本来就经营不好自己的婚姻。你这是单方面强加给孩子负罪感：我爸（妈）为我牺牲太多了！你的人生是你自己放弃的，不是孩子剥夺的。

越有自己追求的人，越不黏孩子。我10年间旅行了50个国家和地区，总有妈妈问我，你出去旅行你的孩子怎么办？她诧异地问我，我也同样诧异，我努力工作一年，自己赚的钱，年底休年假时去我想去的国家，看我想看的风景，跟我的孩子有关吗？

　　做父母的真正的角色是成为孩子强有力的道德榜样和行为导师。

　　家长的行动比语言更有说服力。孩子总是通过观察和模仿成年人的行为来形成自己的价值观，尤其是从他们尊重的人身上。比如，电梯门要关时，看到奔跑而来的人，你会按下开门键等等对方吗？要培养一个善良的孩子，首先我们自己就要成为有道德的父母，这意味着在生活中，我们也要尽量做到：诚实、公平、自信。当然这并不意味着要时时刻刻保持完美。要得到孩子的尊重和信任，我们也需要承认自己的错误和缺陷。我们还应尊重孩子的观点，倾听他们的想法，清楚地展示我们究竟希望他们如何与人交往。

　　多带孩子参加公益活动，如做志愿者。我在2009年创立了一个公益组织——"湖北多背一公斤公益联盟"，那年我的女儿6岁，每年我都领着她，再组织100个父母和孩子一起参加公益活动，后来女儿上初中和高中，我还让她组织她们同班同学，让更多的人跟我们一起参加公益活动。

　　影响孩子成绩的主要因素不是学校，而是家庭。家庭解决孩子"愿意学"的问题；学校解决孩子"学什么"的问题。解决不了孩子"愿意学"的问题，无论学校教什么，老师教得多好，对于孩子而言，也都是无用的。成绩好的孩子，妈妈通常是有计划而且动作利落的人。父亲越认真、越有条理、越有礼貌，孩子成绩就越好。孩子教育拼的是父母的人生功底，拼的是父母的处世态度和人生感悟。

　　一个人，首先是个自由的人，才可能成为一个自觉的人。自由的同义词不是放纵，而是选择力和判断力。真正幸福快乐的是那些真正获得了自由的孩子，他们更清楚行为的界限在什么地方。而一个无法无天的孩子，其行为只是放纵，而非自由。放纵是压抑的后果，是选择功能的失效。这样的孩子内心软弱无力，因为他丧失了对自己的掌控力。父母和孩子是生命中最亲密的一种关系。无论都市或乡村、贫穷或富有、高官或平民你都可以把最好的教育送给孩子——培养孩子的阅读兴趣、给孩子自由成长的空间、亲自做出良好的表率。这是每位父母都有能力送给孩子的财富，也是孩子生命中得到的最美馈赠。

八是公民和公益者的角色。

公民指具有某一国国籍,并根据该国法律规定享有权利和承担义务的人,我们作为国家的一分子,都有做好自己本分、为社会谋利益的义务。公益是公共利益事业的简称,这是为人民服务的一种通俗讲法,指有关社会公众的福祉和利益。我理解的这个角色就是做一个对社会、对世界有价值的人。因为人最大的快乐,不是满足自己,而是被需要。

做公益,举手之劳。例如,在寒冷的冬天下班回家路上,公交站旁老奶奶摆的小摊,一些小发卡小梳子,你顺手买两样,也没什么损失;又如,家门口推着板车卖萝卜的小商贩,顺手买两个萝卜晚上做菜,也能让他早点回家;再如,去云南大山寨子里面旅行,旅行箱里面顺手带一些水彩笔、可爱的玩偶、漂亮的小女生饰品,送给当地村里的小朋友,看着她们的笑脸,感觉到你的被需要,非常温暖。

不是只有金钱才可以做公益,时间也可以。时间有的时候比钱包含更多的内容,我们的"多背一公斤"公益组织,每年5月,我会开车下乡,首先寻找大山里面的贫困小学,然后小分队去做调研,看看孩子们最缺什么,做成文字和图片,发布到互联网各平台,征集志愿者。然后统一把捐赠的物资和我们一天时间的陪伴送给大山里面的孩子。从2009年起,我们已经坚持了10年。你们可以百度"湖北多背一公斤公益联盟"找到和了解我们的活动,每年"六一"前的最后一个周日是我们固定活动的时间,下次欢迎你带着你的孩子一起加入。你也可以在你所在的城市开展一样的活动,我们做了10年,有全套的工作流程,你直接复制就能组织一场有意义的公益活动。

以前,山区小学的条件不太好,最近几年,国家精准扶贫制度、山里面父母进城打工,再加上爱心企业、爱心人士越来越多,大山里面的小学已经有了像样的教室,山里的孩子们也有新衣服穿。可是,山里面的留守儿童越来越孤独,我们除了捐款捐物,更重要的是城乡孩子一对一"结对子",每年"六一"前的星期天,城市里面的白领爸爸妈妈,领着自己的孩子来到大山里，和山里孩子们一起升国旗、唱国歌，然后一起上一节画画课、一节手工课、一节音乐课、一节体育课，中午我们自己带好多好吃的，和孩子们一起分享。一边吃一边给孩子们讲讲大山外面的世界，鼓励他们好好学习。我们还跟所有大山里的孩子一起过生日吃蛋糕、唱生日祝福歌。虽然我们改变不了山里孩子的一生，但可以保证这一天孩子是开心的。2012年5月27日，我们去了湖北咸宁南川小学，临走时，有一个叫梦娴的二年级小女生，自己做了一张贺卡送给我，上面的文字是"欢迎你们能来南川小学，送给我们二年级很多礼物，祝你们年年平安，身体健康，快乐每一天，天天幸福，希望你们一天比一天快乐，一年比一年好，天天美好，工作顺利，祝你们大家年年不死。"贺卡里面好多错别字，也不通顺，我们却是开心极了。

我还对公益创业特别感兴趣，希望用商业智慧点亮公益梦想。我定义的商业的方式：第一，有稳定的经济来源，足够支持公益的运行；第二，用商业公司的管理方法，管理公益团队。把商业的模式与公益的目标融合在一起，用社会创新的手段来解决社会问题，已经成为当今世界公益创新的一种潮流。我希望在不久的将来，做公益将成为社会普遍接受的传达价值的方式，是人人皆可行的充满创意的普遍行为，是最为普遍的生动而温暖的互助。人人皆可通过自己的创意和才能参与公益，每个公司都能通过基于价值实现和能力、战略的公益行为找到更为深刻的存在价值。人人参与公益，人人可以改善世界！

九是理财者的角色。

理财是为明天的生活存储今天的财富，理财是一个人为了实现自己的生活目标而管理自己财务资源的过程。而养老是一个人最重要的生活目标，我的观点是一个人晚年幸福才是真正的幸福。要实现晚年的幸福生活就必须在年轻的时候积累足够多的钱。理财规划就是养老规划、生涯规划。

小时候，大人告诉你"努力学习，考个好成绩，上个好大学，你就能找到薪水高、待遇好的工作"。现如今，你毕业了，工作了，每天朝九晚五，力争上游，假日和朋友出游，偶尔锻炼身体，时常约朋友小聚、看电影、

Shopping,虽然累点,也算过得有滋有味。那30年后呢?你是否想过自己30年后的生活?是牵着老伴的手在希腊爱琴海细数往日情怀?还是蜗居在小房子中,每天白粥配咸菜?每个人都会慢慢变老,但没有人希望今天的收入比昨天还要少;每个人都希望长寿,但是没有人愿意到老了还晚景凄凉。你是否计算过未来30年,作为家长的你需要为子女准备多少教育资金?你是否计算过退休之后如果要维持现有的生活水平,你需要多少养老金?

假设你现在28岁,计划在55岁退休,88岁故去。目前城市基本生活费和医疗保险支出的最基本消费是3000元/月,暂考虑4%的通货膨胀率,55岁时,要维持目前的生活水平,需要大约9000元/月。33年的退休生活至少需要9000元/月×12月×33年=356万元,这356万元只是一个人的费用,夫妻双方费用需求总和保守估计也将超过500万元。如果您的身体还不错,活到90岁都有可能。再加上老年人无法躲避的病痛,未来医疗开支几乎无法预估。这些都可能令我们需要的养老金需求变成600万元,甚至更高。接下来,让我告诉你,你需要在多久的时间里赚够这笔钱,按照上面的假设,假如你是22岁开始工作,那你的工作时间是33年,退休生活时间33年,也就是说,在有工作的33年内,你必须准备好未来33年的生活基金——356万元,这其中,还不包括你买房、买车以及子女的教育费用。

晚年时间大约为30年,而人一生的工作时间也是30年,也就是说晚年时间和工作时间是一样的,你是不是觉得有些无法想象?简单来说,你需要将自己收入的一半用来储蓄,才能保证自己晚年的生活水准和目前相同,而且这还没有将住房、子女教育等费用计算在内,仅仅是单纯的退休生活所必需的费用。现在再重新面对曾被我们一再忽视的退休生活,是否有种惊慌失措的感觉?一个人到60岁以后,就基本上不能通过工作来赚钱了,晚年的生活费用主要来自年轻时的积累。"养儿防老"这句老话现在已经过时了,孩子不"啃老"就已经是你的造化。因此,你要想晚年生活无忧,就必须提早做好准备。

我自己是在30岁开始为自己存储养老金,30岁之前的财富积累主要用于结婚、生子、买房和买车。一个人在30岁之后，随着事业的稳定发展，收入逐步增加，积累的财富也随之增长，积累的目的主要是为了自己养老，次要目的是为了子女的教育费用。一个人到60岁的时候，应该存储好未来20年的生活费用。

那么怎样储备养老金呢？我认为主要有以下几种方法：一是储蓄；二是买储蓄型的商业保险；三是买社会养老保险（社会养老保险是政府推出的保险制度，人人都可以参与，人人都应该参与。社会养老保险是个人存储养老金的重要方式。不要因为你现在年轻，放弃了这个你本该有的权利）；四是买股票和基金（这个有技术门槛要求，不是人人都会）；五是投资房地产（房地产是抵御通货膨胀的良好手段，也是储备养老金的重要手段，至少我是这么认为的，我也一直在这样做。"七套房养老"是我30岁时给自己定的目标，它能让我的老年生活有保障）；六是其他收入，比如版税、房租、稿费、各种利息收入、股权分红等。

我规划中的自己的老年生活是这样美好的场景。下面这段文字写于2007年上"生涯规划"课程，老师布置的"生涯幻游"的作业。

55岁正式退休，退休前买够七套房，贷款都结清，另存有300万元现金。搬去一个高级私人养老院，那儿配置有专业医疗团队的理疗室、各种运动设施、健身房、室内游泳馆、多种球场、电影院、音乐厅等，所有生活需求在那里都能得到满足，健身教练每天安排好早、中、晚的运动项目，早上睡到自然醒，上午去教室上一节水彩课或油画课、手工课、音乐课或钢琴课，中午有五星级酒店的大厨先去山上自己的菜地拔些新鲜蔬菜，再配上好食材，有营养师搭配营养餐，下午小睡之后，约上老头、老太太来一场麻将（主要为了不得老年痴呆），之后去健个身、游个泳，吃营养师搭配的晚餐，晚上看部电影或者酒吧小酌两口，搂着自己的老头或别人家的老头跳个慢三慢四，九点上床睡觉。一群老头老太太，春、夏、秋、冬，一年出去旅行四趟，春天去日本看樱花，夏天去莫斯科郊外看夜景，秋天去加拿大枫叶大道自驾游，冬天去东南亚吃吃海鲜、晒晒太阳。当然，我们还要力所能极地做

第二章 用战略思维管理人生

一些对社会有意义的事情，比如可以资助一个山区小学，长年驻点支教。

我感觉，真正的成功人士，是拥有健康并有时间把钱花完再安然离开的人，你同意我的观点吗？

来找我做职业生涯咨询的人，70%都有理财的问题，我问了多个28岁的人，上班上了6年，一分钱储蓄也没有，房子也没买，车是贷款买的，也不敢贸然换工作，一直将就着，眼看就要30岁了，慌忙来找我做职业规划。

我在30岁时开始买理财类的书看，一直在实践，下面是我总结的一些小心得。

第一，永远不"啃老"。"啃老"这件事真的很丢脸，即使父母为你付了首付，你40岁之前，也要赚够钱还给老人，或者专款给父母养老、医疗用。

第二，控制欲望。少用信用卡（因为你会拆东墙补西墙，为了偿还这笔债务，欠下更多其他债务）；不要用或少用消费贷，人在22—32岁时要购买与自己经济能力相符的东西，比如人生第一套房40—60平方米，首付和还贷没有压力。买10万元车一样代步（汽车的分期付款制和租赁制是一种让人们以低廉的价格购入好车的高级金融营销手段，不要上当，车子不是资产，车子是负债，选购一辆合适的车，尽量使用长一点时间），国产手机就能用，没必要非得苹果几代。包包更是，500元的包包有时比六万元的限量版好看多了，你背的不是包，你背的就是一颗虚荣心。

第三，提高能力。投资自己是最稳当的赚钱方法。我在22—32岁，看了60本人力资源的专业书，考完了市面上全部跟专业相关的12本专业证书，每年持续学习提升。所以，我的职位可以从前台文员做到人力资源经理，工资可以从每月400元涨至每月3万元。通过合理的晋升或者跳槽提高身价。

第四，预算管理。事先根据用途设计好必要的预算，在今后的工作和生活中面对任何问题都能泰然处之，消费也能做更适当地分配。

以我为例，我的月收入会分成以下几类。

一是储蓄。每个月工资一发，马上强制储蓄30%，存定期不能随时取的那种。存几年后够首付了，我会用这个钱付第二套房子的首付，我的七套房子就是这样在20年的时间里一套一套买的，目前还有两套还贷中，退休前能全部还清。我的房子面积都不大，我只买地铁口的50平方米左右的小户型，好租好卖。

二是买商业养老保险、重疾险、人身意外险，占工资比例6%。所谓的保险就是能够应对突发情况的保障资金，趁年轻时要及早购买只花小钱却能解决大问题的保险，将你总收入的5%—8%投资在医疗、意外伤害、癌症、养老等各类保险上，我买的就是"重大疾病保险＋分红型养老保险＋综合意外保险"组合。

三是还房贷，占工资比例30%。超过你本人支付能力的住房贷款会影响你的财务稳定性，正确的做法是每月连本带息的还款额不能超过自己收入的30%。

四是日常生活费，占工资比例20%。包括人际关系、吃饭、交通、通信等杂费。

五是买书看、报培训班、线上线下买课听课，占工资比例10%。

六是工资比例4%为机动费用，随心所欲。

当我的日常生活费只有24%时，我就不会天天下馆子胡吃海喝，我就不会一逛街看到美美的衣服就刷爆信用卡。我做SPA躺在床上时，不管美容师推销什么新产品，哪怕用了能年轻10岁，我也不会动心，因为预算摆在那，不能冲动消费。

第五，女人一定要买属于自己的房子。女人需要有一套自己名下的房子陪自己养老。房子比老公靠谱得多！房子既不会和你吵架让你伤心，也不会出轨跟你离婚，而且房子生病和死亡的概率为零，日常维护开支也远低于老公。房子既可以自己使用，也可以在需要的时候为你赚钱。此外，房子对养老最大的意义在于可以对抗通货膨胀。现在一线、二线城市都有限购政策，如果你还没有找到合适的男人结婚，那就好好工作、好好理财。买自己的第一套房子吧，不一定很大，50平方米就行，以地铁口小户型为主。付首付还

第二章 用战略思维管理人生

房贷,这可是强制你储蓄最有效的方法。

好了,经验分享了这么多,请你像我一样从上班第一个月开始坚持,30年后,我相信你根本不用担心你的晚年生活。现在的准备决定今后30年。没有准备的退休生活必然会让你追悔莫及,重要的是从今天开始,从现在开始!

好多知识付费平台卖得最好的课几乎都是"如何通往财富自由"这种,好多人以为只要买了课就通往了财富自由。事实上,哪有这么容易的事情,你只是又被割了一次"韭菜"!

通往财富自由的第一步是对钱负责任,在一张纸上写下你需要钱的理由,也就是你希望用钱来实现什么愿望。将需要钱的理由写出后,就能准确地知道自己将来要干什么,想拥有什么,想成为什么样的人,这样你就有了赚钱的动力。

以下是我24岁时写的。

10年后,在我34岁之前,我要:

● 给我们自己家买一个至少70平方米的新房子,再也不要租房住了;

● 去看刘德华现场演唱会,我要坐内场前四排,离我的偶像更近,朝着他大喊:Andy,我要嫁给你;

● 去海南看天涯海角,人生第一次去看大海;

● 买一辆大红色的车,我喜欢驾驶、掌控的感觉;

● 我想带父母坐一次飞机、出一趟国;

● 我自己好想去香港迪士尼乐园玩,顺便带上我的孩子;

……

下面是我32岁时写的。

10年后,在我42岁之前,我要:

● 赚够女儿出国留学的教育费用;

● 多买几套小户型的房子,未来好出租出售,给我当养老金,或者卖一套给孩子出国留学用;

- 我想环游世界，10年间至少去30个国家；
- 我也想心情不好时买张机票去国外哪个街心公园喂鸽子，偶遇下伟仔；
- 为了喜欢的事情作决定时，不会被钱所左右；

……

看了这些愿望后，你有何感想？想不想实现这些愿望？你所写上的这些愿望告诉了你为什么需要钱，也是你为之奋斗的动力，让你从中明白一点，要想真正实现这些目标，钱是必要之物，这样你才能重新用一种积极的观点来看待金钱。通过这些愿望，你对于钱有了不同以往的感情，对未来也充满期待，不用太长时间，你就会发现自己正在一步步接近这些愿望，当然无论是怎样一种选择，决定权在你，经济上是否成功其实在你思想上做出选择的那一刻就注定了。

稻盛和夫在《活法》中提到：人生的结果 = 思维方式 + 热情 + 能力。准确地了解自己拥有多少资产，如何去挣钱，钱花在哪里以及投资在哪里，然后再通过计划来付诸实施，这是实现财务自由所要进行的第一个步骤。

练习二：通往财富自由的第一步——对钱负责任

这个练习让你明白一点，要想真正实现这些目标，钱是必要之物，这样你才能重新用一种积极的态度来看待金钱，这也是你为之奋斗的动力。

请写下需要钱的理由，也就是你希望用钱来实现什么愿望？

10年后我想要：

1.

2.

3.

4.

5.

20年后我想要：

1.

2.
3.
4.
5.

金钱是手段,不是目的。重要的不是那些花钱买回来的东西,而是这些东西最终能为你带来什么。解决了基本生存需求,就没必要乱花钱。等我们走向生命终点时,在感情和经历上的富有比银行里面的存款更有意义。尽管存钱很重要,但我们这么辛苦工作,是为了让自己能享受生活,把钱花在对自己重要的东西上。2005年,我去南极,50000元一张的船票,好贵吧!但,对我来说,这钱花得很有价值。

十是退休者的角色。

有一本书叫《不在病床上说再见》,作者是日本的宫本显二和宫本礼子。作者一直有一个困惑,为什么其他国家没有卧床的老人而日本特别多呢?他和妻子在瑞典找到了答案。其原因在于,在欧美人的普遍认知里,高龄者到了临终期会自然而然失去食欲,这是天经地义的事情,使用经肠道营养或点滴等人工补充营养的方式为高龄者延命,也就是干涉他人的自然发展,反而被视为一种侵害人权与伦理的行为,更会被认为是在虐待老人。在瑞典,大多数的患者在进入意识不清的长期卧床状态前,就自然地寿终正寝了,这样的社会不会制造出长期卧床的高龄患者。瑞典虽然不做延命医疗,但瑞典人平均寿命为81.7岁,并不低。

和国外自然寿终正寝的方式相比,中国的高龄者临终医疗,在患者已经不省人事的状态下,还要用点滴或经肠道营养来让肉体继续活下去。民族性和社会观念的不同,中国有太多患者已经基本没有知觉了,气管切开没法说话,全身都插满管子,只是在维持生命,患者很痛苦,家人也很痛苦。

著名作家巴金最后的6年时光都是在医院度过的。在这6年里,他以医院为家,整天躺在床上,过上了有口难言的日子,默默承受着"语不能言"

的悲哀。因为气管切开和帕金森病的折磨,他不能自己进食而靠鼻吸。为了吸痰,插管长期插在鼻子里,嘴合不拢,下巴脱了臼。后来还做了气管切开,用呼吸机呼吸。巴金想放弃这种生不如死的治疗,可是他没有选择的权利。周围的人对他说,每一个爱他的人都希望他活着,因此巴金不得不强打精神表示,再痛苦也要配合治疗。巴金不止一次地说:"我是为你们而活,长寿是对我的折磨。"

我在网上看到一个故事,一位名叫查理的非常有名望的骨科医生发现自己得了胰腺癌。第二天,他关掉了自己的诊所,完全没有做化疗和放疗,也没有再做任何手术,从此再也没有去过医院。查理把时间全用在了和家人一起享受人生的最后时光上,几个月以后,查理在自己的家里病逝,亲人们都陪伴在他的身旁。在生命的数量和质量之间,查理选择了质量。颇具戏剧性的是,在中国,我们常常选择了痛苦而昂贵的抢救,徒劳地试图延续亲人将逝的生命。

世界卫生组织提出的一个词叫"缓和医疗",是指要在最小伤害和最大尊重的前提下让患者的最后时日尽量舒适、宁静和有尊严。把死亡的权利还给本人,是一件非常重大的事!

我个人是十分赞同这个观点的——活时淋漓尽致,走时了无遗憾。我不希望我的亲人还有我自己,在ICU病房,赤条条地插满管子,像台吞币机器一样,每天吞下几千元甚至数万元,最"工业化"的死去而不是有尊严地死去。

网上有一份名为"五个愿望"的英文,它的中文意思是"我要或不要什么医疗服务""我希望使用或不使用支持生命医疗系统""我希望别人怎么对待我""我想让我的家人朋友知道什么""我希望让谁帮助我"。这是一份美国有400万人正在使用的叫作"生前预嘱"的法律文件。它允许人们在健康清醒的时刻,通过简单易懂的问答方式,自主决定自己临终时的所有事务,诸如要不要心脏复苏、插气管等。发起人期望人们在还清醒时就写下预嘱,万一将来到了生命末期、没有恢复期望时,撤除维持生命的医疗措施,使自

己自然地、有尊严地死亡。

退休者角色的一项重要任务是做好"退休生涯规划"。世界卫生组织将人的一生分为五个阶段：青年人（44岁以下）、中年人（45—59岁）、年轻的老年人（60—74岁）、老年人（75—89岁）、高寿老年人（90岁以上）。根据我国劳动部门的规定，男性劳动者退休年龄为60岁，女性劳动者退休年龄为55岁。这一退休年龄在今后有增长的可能。但无论怎样，人们在退休后还有几十年的时光，如何做好老年时期的生涯规划，活出精彩的人生，是老年人的重要人生课题。退休生活通常占了人们三分之一的生存时间，是充分享受人生的最好时期，安排好退休生活将是人们达到财务自由的最终目标。从某种意义上讲，所有的个人理财规划，最终都是为富足养老服务的。忽略退休规划的重要性和紧迫性，将来就可能会陷入严重的困境，晚年生活将不得安宁。如果想晚年活得有尊严，过上高品质的生活，那么及早开始有规划地制订自己的人生理财规划，主动地面对问题而非被动地等待是非常必要的。

在我身边，能看到的退休者的活法有以下几种。

一是返聘。好多有高级职称的人，比如医生、高级中学老师、高级工程师、教授，在退休后，单位可返聘1—3年，也有可能干得更长。此时，工作不为钱，而是成就感和荣誉感。

二是工作。阿里巴巴曾发招聘广告进行社会招聘，专门招退休的老人。一些身体不错或者有一技之长的本身就闲不住的人，还会选择继续在社会上工作，当然这其中肯定也有相当一部分是养老金不够、年轻时没有积蓄、被动工作的老人。

三是做专家顾问与咨询。有些专家退休后，到一些咨询公司做顾问或企事业单位聘用的顾问。比如，我退休后等实现完自己的所有梦想，我一定会继续投身到我一直热爱的教育事业。

四是在家带孙子、外孙的也非常多。养大了自己的孩子，再帮自己的孩子带孩子，还有的还要为孩子洗衣做饭，硬生生把"退休者"的角色过成了

"保姆"的角色。真心希望中国的父母能早日觉醒,人生为自己活一次!

五是环游世界。国外的老年人特别喜欢坐游轮旅行,就像我去南极时所乘的船,如果不是我们中国团有45个人拉低了年龄值,全船人平均年龄为80岁。还有一次,我跟先生乘坐希腊地中海游轮,船上2000多人,来自67个国家,90%年龄在65—80岁,这样过退休生活,挺好。

六是做公益事业,把自己多年的经验用到更需要的地方,实现个人价值。

退休者的生涯规划,在中国还是一个空白的话题,让我们边探索边总结吧。

分享完我个人对人生10个角色的认知,有如下五点实践体会:第一,提前做好每个阶段的准备,让生命从容;第二,找到生涯重心,搭建角色结构,实现能量守恒;第三,创造每个角色的尖峰体验;第四,每个人把自己的10个人生角色扮演到自己最好的状态,最好的体验就是人生的成功;第五,体验过世界和人生的精彩,人间真值得。

老了,从容不迫地坐在火炉旁,而不是整个人生都是被选择的。老了,坐在火炉旁,满心都是后悔,自己从来没有体验到外面世界的精彩,人生就要结束了,那才是"悲催的一生"。人这一生有时不就是靠对未来的想象和过去的回忆维持生命吗?当你老了,走不动了,在炉火旁打盹,却没有故事可以回忆,那该是一件多么恐怖的事情!

练习三:人生全局观

在这里,我给大家提供一个练习:人生全局观。在"生涯彩虹图"探索中以及我的生涯规划的实践中,我把舒伯的9个人生角色延展到10个,它们分别是子女、学生、健康和休闲者、公民和公益者、工作者、理财者、朋友、配偶及家庭、父母、退休者,10个角色复盘源于"生涯彩虹图",10个角色规划就是你下一步的计划。

子女的角色:角色的目标是什么?已经做了什么?还想做什么?年度预

算占百分比多少？

学生的角色：角色的目标是什么？已经做了什么？还想做什么？年度预算占百分比多少？

健康和休闲者的角色：角色的目标是什么？已经做了什么？还想做什么？年度预算占百分比多少？

公民和公益者的角色：角色的目标是什么？已经做了什么？还想做什么？年度预算占百分比多少？

工作者的角色：角色的目标是什么？已经做了什么？还想做什么？年度预算占百分比多少？

理财者的角色：角色的目标是什么？已经做了什么？还想做什么？年度预算占百分比多少？

朋友的角色：角色的目标是什么？已经做了什么？还想做什么？年度预算占百分比多少？

配偶及家庭角色：角色的目标是什么？已经做了什么？还想做什么？年度预算占百分比多少？

父母的角色：角色的目标是什么？已经做了什么？还想做什么？年度预算占百分比多少？

退休者的角色：角色的目标是什么？已经做了什么？还想做什么？年度预算占百分比多少？

三、我所扮演的人生角色

对于上面的 10 种人生角色，我可以通过自己的例子来说明。

第一，我的子女的角色。

目标：父母健在时尽量多陪伴，带他们去想去的地方旅行，照顾他们晚年生活，养老送终。

已经做了什么：每周五晚上陪他们吃饭，每个月约他们下一次馆子，每季度看一场电影，协助他们买一套新房，每年一次国内旅行或者出国旅行。

还想做什么：2019年带他们去重庆和菲律宾宿务海边度假，2020年春天去日本旅行。

预算：每年收入的8%。

第二，我的学生的角色。

目标：终身学习者，成为HR和生涯规划两个领域的专业人士。

已经做了什么：去听HR界+生涯界所有大师的培训课；考20本HR+生涯工作资格证书；英国威尔士MBA学位；每年看50本书；学一些新技能，比如潜水。

还想做什么：多学点自己感兴趣的小技能，比如古琴、唱歌、游泳、烹饪、插花等。

预算：每年收入的10%用来买书、听课学习，提升小兴趣。

第三，我的健康和休闲者的角色。

目标：实现环游世界60国的梦想，开心幸福地生活，多体验全世界各种好吃、好喝、好玩、好乐的东西。

已经做了什么：已经环游世界50个国家和地区，包括南、北极，珠峰大本营，国内每个省每个好玩的地方继续旅行；每周4次健身房锻炼、每周看3场电影、一次SPA、一次美食；每年一次国外潜水。

还想做什么：再去10个国家和地区、保持现在的生活状态。

预算：每年收入的15%。

第四，我的公民和公益者的角色。

目标：做一个高尚的人，对这个社会有价值的人。

已经做了什么：2家NGO公益组织创始人，湖北慈善总会评选的十大金奖项目；每年组织一次200人规模的"多背一公斤"公益活动，且已经坚持10年。

还想做什么：去云南、广西、湖北等大山里面给中、小学孩子上"生涯规划课"。

预算：每年收入的6%。

第五，我的工作者的角色。

目标：成为一名 HR 和生涯规划方面的专业人士，得到业内认可。第一阶段，从"小白"成长为外企的 HR 职业经理人；第二阶段，创业者；第三阶段，人力资源管理讲师、职业生涯规划咨询师、创业导师、人生教练。

第六，我的理财者的角色。

目标：给女儿创造出国留学的机会，自己能过一个有尊严的老年生活。

已经做了什么："七套房养老理论"，已经买了七套房子，其中两套还在还贷中，预计退休前还完。

预算：每年收入的 40% 买房或理财。

第七，我的朋友的角色。

已经做了什么：和老同学、老同事、老朋友保持联系，召集和参加他们的聚会。

第八，我的配偶及家庭角色。

目标：当好一家之主，和老公相亲相爱过日子，履行我们共同制定的"家庭使命宣言"。

已经做了什么：每年两个人的旅行至少 3 次，照顾好一家老小。

预算：每年收入的 10%。

第九，我的父母的角色。

目标：当女儿的好朋友，尽可能多赚钱。

已经做了什么：送女儿去加拿大留学，搭好平台、让她自由飞翔。

第十，退休者的角色。

目标：面朝大海、春暖花开（退休后在海口或武汉常住＋加拿大小住＋全世界美丽的地方小住）。

已经做了什么：坚持锻炼，保持健康生活方式，健康活到老。

还想做什么：早日实现我理想中的退休养老群居生活。

第八节 人生动态平衡观

一、动态平衡工具——平衡轮练习方法

人生是一个动态平衡，在一个动态的过程中螺旋上升。社会也是一个动态平衡，不要一心追求所谓的"稳定"。这个年代，真正的稳定就是改变，只有实现动态平衡，才是你真正的稳定。这里分享一个十分好用的工具——平衡轮，如图5所示。

图5 平衡轮示意图

练习方法是针对每一格问自己：现在我对这个方面满意程度是多少？评分方法是1—10分，比如按时间段评分，2019年1月1日到今天，或者月度，或者季度，或者年度。依次填上人生平衡与幸福最重要的8项内容，标准版本的内容顺时针为：职业发展（你的职业发展方面）、财务状况（你的财务方面）、个人健康（身体、心理健康方面）、娱乐休闲（兴趣爱好）、家

庭（如果有自己的家庭，指自己的；未组建家庭的，代表原生家庭）、朋友和重要他人（你还有不是亲人的朋友和重要的其他人，他们是不可失去的人）、个人成长（知识、能力、眼界、心灵的成长都是个人成长）、自我实现（也许与工作无关，但是发挥你的天赋实现你价值的事，也和精神信仰有关）。需要说明的是，其中的个人成长更多在增加能力、开阔眼界上，而自我实现更多在追寻梦想、成为自己上。你可以理解二者的区别为"自我提升"和"实现梦想"的区别。很多人如果无法区分，那就干脆合并，然后另外增加一个自己喜欢的选项。

二、制订自己的"行动计划"

以我为例，我每年12月，会坐下来，给自己的人生在8个维度上评分。比如，2015年我的"健康分"是4分，"朋友和重要他人"是3分，是最低的两个分数，其他维度都大于8分。于是，我在制订2016年的全年计划时，针对上述两个方向，我做了如下"行动计划"。

"个人健康"一项在2015年得4分，在2016年目标7分。针对这种情况，我的计划中决定采取以下行动：一是主动去办一张健身房年卡，买私教课100节，每周至少2次私教课、2次有氧训练，减重12斤；二是减少外食次数，除非公务应酬，其余全部在家吃早、晚餐，中餐吃自己在家做的健康盒饭；三是杜绝一切糖分饮料（可乐、奶茶等），只喝白开水，每天喝够2升白开水；四是买在线"减脂营"，加入团队，每天坚持打卡；五是主动下载健康、健身方面的公众号，买这方面的书，有时间多研究、多学习相关知识。

"朋友与重要他人"一项在2015年得3分，2016年目标7分。针对这种情况，我的计划中决定采取以下行动：一是主动每两个月组织一次老同学或者老朋友、老同事的聚会，请他们吃饭；二是多给朋友圈朋友点赞，多互动；三是出国旅行时，多给朋友带礼物、地方特产。

每年年底都要给当年评分,给下一年做个规划。每一项到年底想得多少分,然后写下详细的"行动计划",就能制订出"年度工作、生活、学习目标和行动计划",这种方法虽然看似粗糙,但方向有了。然后到第二年,每个月的前一天我都会做一份"月度工作、生活、学习计划",写得更详细,当月在这8个方面我计划要做什么,具体到人、事、物、时间、预算等,然后就是执行。

第九节　高效能的人生实践

一、培养高效能人士的习惯

影响我们的并不是事情本身,而是我们对事情的看法。当你变了,世界也就变了。这里推荐大家去看《高效能人士的七个习惯》(The Seven Habits of Highly Effective People)。这本书的作者是斯蒂芬·柯维(Stephen R. Covey),他是影响人类思想的新智慧学家、美国学界的"思想巨匠",入选"影响美国历史进程的25位人物",被《时代周刊》评为"人类潜能的导师",得到美国前总统奥巴马的特别接见,《经济学人》杂志推举其为"最具前瞻性的管理思想家"。自1991年首次出版以来,《高效能人士的七个习惯》已经畅销2500万册,经典就是经典。

斯蒂芬从纷繁复杂的家庭、工作情景中,抽象出来了很多细节却又精深的真理,更重要的是把它们系统化了,里面有许多完全创新的思路和独特的观察视角。

高效能人士的七个习惯指的是主动积极、以终为始、要事第一、双赢思维、知己知彼、统合综效和不断更新。

我个人最受用的是习惯二"以终为始（Begin With the End in Mind）"。所有事物都经过两次的创造，即先是在脑海里酝酿，然后才是实质的创造。个人、家庭、团队和组织在做任何计划时，均先拟出愿景和目标，并据此塑造未来，全心投注于自己最重视的原则、价值观、关系及目标之上。对个人、家庭或组织而言，使命宣言可说是愿景的最好形式，它是主要的决策，主宰了所有其他的决定。领导工作的核心，就是在共有的使命、愿景和价值观之上，创造出一个文化。

我很喜欢"效能"这个词。所谓效能，主要指办事的效率和工作的能力。效能是衡量工作结果的尺度，效率、效果、效益是衡量效能的依据。我写的这本书其实也是因为20年前看了《高效能人士的七个习惯》这本书以及上了三天美国版权课，自己验证和践行20多年，最后才总结出自己的人生心得和体会。我的这本书可以体现许多"以终为始"的理念，在学习这本书和课程之后的20年，我的这本人生实践的书，是对大师斯蒂芬的献礼。

二、极简主义——化繁为简

少就是多，专注就是为了更好地生存。日本著名管理学家大前研一曾经在自己的著作《专业主义》中问道"你够专业吗？"所谓专业，它指的是那些具有高度职业素养的可信赖的人士，他们在专业领域中最明显的行为特点是具有超强的专业性、标准性、规范性，因此称之为"专业"。

我24岁进外企后，在我的老板和同事们中，欧美及我国香港和台湾的人居多，我们有一个香港上司，他有一句口头禅——"事情其实很简单"。这位香港上司在组织我们部门经理开月会时，规定每个部门负责人上台只能讲5分钟，3页PPT，第一页是上个月工作汇报，要求量化，第二页是下个月工作目标，同样要求量化，第三页是工作中遇到的困难和挑战，要展示出需要其他部门配合或管理层从中协调并给出建议的内容。

2003年，飞利浦举行了一个公司成立百年的庆祝活动，全球的员工在那一天没有工作，而是开展了一个团建活动。我有幸参加了公司百年庆祝活动，我们聚集在酒店里面，大家进行"头脑风暴"，主题就是"简化"，即化繁为简。全球每个员工从自己的部门和岗位出发思考同样一个话题：简化。

简化是一种高素质的逻辑思维。面对一件需要解决的事情时，如果能够删除烦琐的装饰、多余的点缀，则可以让我们的思维更清晰、做事的效率更高。世界著名的建筑大师密斯·凡德罗说："少即是多，多即是少！"这句话体现的不仅是"形而上"的哲学，更体现了"简单"的力量。

艺术大师达·芬奇说："简单是终极的复杂。"的确，在这个世界上，越是简单的东西，往往越具有强大的生命力。所以，化繁为简是大脑思维的最高境界。当一个人具备了这种思维模式后，便能够以最简单的方法解决问题。

在现实生活中，人的思维方式通常有两种：一种思维方式是把复杂的问题简单化；而另一种思维方式是把简单的问题复杂化。最终的结果是，把复杂问题简单化的人很容易就把问题解决了，而那些把简单问题复杂化的人，却把事情搞得越来越复杂，解决的难度越来越大。

生活崇尚简单，工作崇尚简单，管理崇尚简单，创意崇尚简单——其实生活的本色就是简单。所以，在面对各种问题时，我们要懂得化繁为简，学会用"减法思维"去想问题，只有这样，我们才可以轻装上阵，并取得事半功倍的效果。

如何学会用"减法思维"思考问题？这里介绍一些方法给你。

方法一：养成一个思维习惯，要学会问自己一个简单的问题：完成这件事情最简单的方法是什么？

方法二：看看你能否用不超过25个字把某件事描述清楚，比如你必须在电梯到达的几十秒内把你的信息完整传递给其他人。

方法三：你能给一个9岁小孩子讲明白一件事吗？

方法四：只问简单问题：谁？做了什么？为什么？什么时候？在哪里？结果是什么？

方法五：习惯把这个事件、问题、解决方法或者建议用简单明了的文字

记录下来。

方法六：在做任何事之前，你首先需要确定，你的老板或者客户到底想要你做什么。问自己一个问题：这个工作最终要达到什么目标？

方法七：如果是一个工作上的项目，你想让这个项目成功，什么是关键呢？关键是"让利益相关者永远开心"，你要明确地告诉利益相关者他们将会得到什么。

我在做企业 HR 时，公司领导让我推行绩效考核。绩效考核是一项非常复杂的工作，相当有难度，光是争取部门经理配合 HR 在年底给他的下属做一个不少于 40 分钟的，真实的"一对一绩效面谈"都不容易做到。在推行过程中，我邀请所有部门管理层和全体员工到培训教室，培训的中心思想就是为什么做年底的绩效考核是对公司、对部门经理、对普通员工三方面都有好处的事情。只有所有部门管理层和全体员工认可了，这件事情才有可能推进。

方法八：任何事情都有连续性。我是一个严谨的人，如果我跟你约好下午 3 点钟见面，我会提前预想，几点出门，采用什么样的交通工具，预估好堵车时间、找停车位的时间，我一定会在 3 点钟前到达。但太多人没有连续性思维了，最常见是一群人开会，会上热情澎湃，提了一堆点子，然后就散会了，最后什么也没有改变。这是因为没有形成会议决议的后续机制，导致事件没有连续性。所以，我个人习惯性地在与人交流时问"然后呢？然后呢？"你有权问清楚事情的所有细节。写完第一份工作计划，然后不断地问自己"接下来会发生什么事？"

方法九：在某项工作将要做之前，最好明确负责该项工作的人员，落实到人，要保证一个有能力的人去执行。

方法十：弄明白在你的工作和生活中哪些事情是十分重要的，那些不是。学会对那些不重要的事情说"不"，对那些十分重要的事做好计划，然后付诸行动。

方法十一：在必要时对事情进行细化，基于每一项细分工作已经完成或

世界500强HR人生管理笔记

者未完成的情况即时监控工作进程。

当然,用"减法思维"思考问题的方法还有很多,这要看你自己是否能够创造出来。

事实上,极简主义不光适用于工作,同样也适用于生活态度。在这里先给大家看一篇网上的文章,文章的标题是"当我要上养老院的时候"。作者应该是一位退休作家,是作者即将去养老院时发出的感慨。无论我们未来会如何养老,这文章里观点都值得我们看看,也应该广为转发。这篇文章写道:

我要去养老院了,非不得已,我是不会去养老院的。但是当生活开始不能完全自理,而儿女又工作忙碌还要照顾孙子无暇顾及你时,这似乎成了我唯一的出路。我要准备搬家了,搬到养老院去!养老院条件不错:干净的单人房间,配有简单实用的电器;各种娱乐设施齐全;饭菜还算可口;服务也很周到;环境也很优美;就是价格不菲。我的退休金肯定无以支撑。但是我有自己的住房,将它卖掉,钱就不是问题了。我养老花不完的钱,不久的将来就作为遗产,留给儿子。儿子很理解:您的财产应该您享用,不要考虑我们。剩下的就是我要考虑的去养老院的准备了。

俗话说"破家值万贯",指的是东西多。过日子针头线脑什么也少不了,箱子、柜子、抽屉都装满了各种日常用品:四季的衣服、四季的床上用品,堆积如山;我喜欢收藏,邮票集了一大堆,紫砂壶也集了百十来把;还有许多珍藏的小件物品,如核桃等小把件、挂件,还有两条小黄鱼;特别是书,整个一面墙的书柜,装得满满的。好酒如茅台、五粮液,洋酒,也存了几十瓶;还有全套的家用电器;做饭的各种器具,锅碗瓢盆,柴米油盐各种调料,厨房也塞得满满的;还有积攒的几十本相册……看着满满的一屋子东西,我发愁了!

养老院只有一间屋子、一个柜子、一张桌子、一张床、一个沙发、一个冰箱、一台洗衣机、一台电视机、一个电磁炉、一个微波炉,根本没有存放

第二章　用战略思维管理人生

我这些平生积攒财富的地方。在这一瞬间，我忽然觉得，我的这些所谓财富都是多余的，它们并不属于我。我只不过是看一看、玩一玩、用一用，它们实际上只属于这个世界，轮番降临的生命，都只是看客。故宫是谁的？皇帝认为是朕的，但是今天，它是人民的、是社会的。我忽然明白了：为什么比尔·盖茨要把自己身后的财产全部捐献；为什么马未都宣布要把他博物馆的藏品全部捐献……那是因为他们明白这一切原本就不是他们的，他们不过是看一看、玩一玩、用一用，生带不来，死带不去，倒不如落得个积善行德的美名。多么明智！我的这一屋子东西，真想捐献，但是拿不出手。现在要处理成了个难题，子孙能接受的寥寥无几。

我能想象，当儿孙面对我的这些苦心积累的宝贝时会是怎样的情景：衣服被褥全部扔掉；几十本珍贵的照片会全部毁掉；书被当作废品卖掉；收集的藏品不感兴趣会处理掉；红木家具不实用，会贱价卖掉。

正如《红楼梦》的结尾，只剩下白茫茫的一片，真干净！我面对着如山的服装，只拣了几件爱穿的；厨房用品只留了一套锅碗瓢盆；书挑了几本还值得看的；紫砂壶挑了一把喝茶的；再带上身份证、老年证、医疗卡、户口本，当然还有银行卡，足够了，这就是我的全部家当。我走了，我告别了邻居，我在门口跪下拜了三拜，我把这个家还给这个世界。是啊，人只能睡一张床，住一间房，再多的都是看着玩的！

人活一辈子终于明白：我们真正需要的东西并不多，不要被多余的东西束缚住了快乐。

这篇文章让我感触很深。其实我看了好几本关于"极简主义"和"断舍离"主题的书，深受启发。极简主义生活方式，放弃不能带来效用的物品，简单生活，从而获得最大的精神自由。极简是对自身的再认识，对自由的再定义。深入分析自己，首先了解什么对自己最重要，然后用有限的时间和精力，专注地追求，从而获得最大幸福。

我对自己家、公司的办公室做了"断舍离"，只留下实用的，必须用到的家具、器皿、衣物等，打包了整整一车子闲杂物品，捐给了以前"多背一公斤"去过的贫困小学，物尽其用了。我还重新整理了朋友圈，删掉了无意义的人和一大堆没有价值的公众号。

三、把时间花在值得做的事和值得相处的人上

在工作和生活实践中，我很认可"二八定律"（或称"二八法则""二八现象"），因为依此你可以想通很多事，也知道如何做更好的选择。

著名的时间管理的四象限（紧急又重要、重要但不紧急、紧急但不重要、既不紧急也不重要）我们都学过，可为什么每天都有做不完的事情？这几乎是每个人经常抱怨的问题。对大部分人来说，90%的时间都用在混日子，他们好像做了很多事情，但很少有哪些事情有助于他的人生目标的实现。

意大利经济学家、社会学家帕累托曾经提出著名的"二八定律"，他说，在任何一组事物中，都存在一种微妙的"二八现象"。比如在企业经营中，通常一个企业80%的利润来自20%的项目。吴晓波老师介绍腾讯时说，它们收入80%来自游戏，其中五款游戏又带来80%的收入。在财务分配上，通常是20%的人占有80%的财富，而这20%的人身上集中了人类80%的智慧。在日常生活中，常常是20%的人成功，80%的人平庸。同样，这个普遍存在的"二八现象"也适用于我们每个人对时间和精力的分配，也就是说，只有20%的事情是非常有价值的。由此可见，一个人应该将有限的精力放到最有价值的事情上。

我们每天都要面对各种各样没有价值的人、事、物，对此，我们主动或被动地关注了太多，比如网络上的热门话题大多是人为制造的营销性话题，迎合人们的猎奇心态以博取眼球。在众声喧哗的氛围中，我们强调选择做正确的事，就是要把时间花在值得做的事情上。

在分析一件事值不值得去做时，一是看这件事给当下的"我"带来收益的大小。这个收益可以是身体、物质层面的，比如我每两周去做一次SPA，

虽然每次得花两个小时，但把疲劳赶走，整个人满血复活，过程和结果都很值，毕竟人都需要当下的快乐和即兴的满足。收益也可以是心理和情感层面的，比如我花了 18 天时间去南极旅行。二是看这件事是不是你人生梦想清单上想做的事，或者是必经的步骤。如果是，就投入去做；如果不是，断然拒绝。

同样的道理，把时间花在值得相处的人身上。想想你是不是在不值得相处的人身上浪费了自己大把的青春时光。

练习四：事件如何优先排序

在个人成长方面，哪一两个关键的改变，或哪一两个方面的提高，会对我的成长和发展贡献最大？

在工作事业方面，哪一两个关键的改变，或哪一两个方面的提高，会对我的团队或公司的成长和发展贡献最大？先做哪些工作，对决定这个项目的成败产生最大的影响？

在个人工作和生活平衡方面，先做哪些事会对我的生活、理财、感情、人际关系、幸福感产生最大的影响？

如果能将工作和生活安排得井井有条，那么你的人生无疑会轻松很多，你会更清晰地思考，你会觉得自己更有效率地完成更多的事情。这些方法能帮你创造一种有次序和清晰的感觉，这样你就能把精力集中在重要事情上。比如那些最优先要做的事情，然后平静理智地完成这些大事，有秩序地生活。重要的事不拖延，也就是要迅速地做好每一件重要的事。如果你在工作和生活中有一套合适的处事体系，而且致力于每天解决问题，你就会感到生活更有条理，也能在环境中得到平静。

四、控制欲望，不要被环境所左右

现代社会就像一架高速运转的机器，每个人都在其中扮演着某个角色，机器越转越快,你就被推着一直往前跑,疲于奔命。同时,人的消费欲望被无孔不入的广告和形形色色的营销手法拉动着,人们变得无法满足于已经拥有的东西,而是不断地想要更多。如此一推一拉之下,人就会陷入欲望的泥潭,反反复复地折腾,过了许久之后回头一看,人生就这么过去了。

就以减肥来说,因为我自己两年前爱上健身后,看了好多网上"减重达人"写的"过来人分享的经验",其最终的经验无非就是"管住嘴、迈开腿",别无他法。可是,真正能减重成功的比例为何那么小呢?又想杨柳细腰,又想大快朵颐,这可能吗?每天留白十分钟,独处一下,静静地听自己内心的声音,让心中两个小人对话和辩论,永远不要人云亦云。这样思考之后,我认为,自己真正想要的应该是自我价值的提升,是梦想的实现,其他的欲望对实现梦想毫无帮助。一个思想成熟的人,标准都在他的内心,而大多数人,容易受环境影响而随波逐流。

五、在实践中反思、复盘,积累智慧

我在飞利浦工作时,中国区培训总监来给我们华中区的全体同事做培训,在酒店的培训教室,我记得他问我们所有人的第一个问题是"这层楼的逃生通道在什么地方?"没有一个人答得上来,他却告诉了我们准确的地方。另外,他还说,每完成一件工作,脑子里面要像放电影一样做一个回顾总结,也就是"复盘",久而久之,你们就能学到很多东西。

这两个建议让我非常受用,后来的人生中,结识过很多"牛人",我发现"牛人"之所以"牛",往往表现在他们的前瞻性思维和总结性思维上。他们既能设想未来事件中可能出现的方方面面的情形,又能对已经发生的事件加以反思,因此,他们总是比一般人想得更加深入和周全。

练习五:一件事情结束后的反思、复盘清单

● 这个事情结果达到我预期目标了吗?怎样评价这个结果?结果还需要哪些改进?如何改进?

- 做这件事我利用了哪些信息？其中哪些信息是最关键的？这些信息是从哪些渠道得来的？哪些渠道被证明是很有价值的？我可能遗漏了哪些信息？这些信息怎么可以得到？

- 在做事之前，是否对事情的过程和结果形成了正确的预判？是什么造成了预期和结果之间的偏差？

- 事情的进度合适吗？是太快了还是太慢了？是什么因素导致了这样的结果？

- 在做事的过程中我遇到了哪些阻碍？其中最重大的阻碍是什么？我应该如何应对这些阻碍？取得了什么效果？这些阻碍中哪些会长期存在？我需要通过哪些持续的努力来减少这些阻碍？

- 在做事的过程中，我发挥了什么样的优势？

- 在做事的过程中，我主要的收获有哪些？我的哪些知识和能力得到了提升？我可以向做同类事情的其他人学习什么？他们有哪些优势是我没有的？

- 这件事中，我最大的遗憾是什么？是什么原因造成的？在做事的过程中我暴露了哪些缺点？其中哪些缺点是必须且迫切需要改正的？

- 关于这件事，别人对我有什么批评和评价？他们的批评有哪些可取之处？

- 这件事对我来说最大的意义是什么？对我的短期目标和长期目标分别有什么影响？

练习六：失败后的思考

失败是指引我们前行的风向标，提醒我们还没有抵达目的地。失败告诉我们梦想的重点依然在路的前方，并且说"站起来！这边！继续前行！"失败从来都不预示着终点——除非你放弃。

- 这次失败中，我个人的原因是什么？

- 我是实际上失败了，还是只不过没有达到一个不切实际的高标准？

- 我在哪些方面取得了成功？又在哪些方面失败了？
- 我从中学到了什么？我从失败中学到了哪些智慧和解决之道？我还需要学习其他什么以让我在未来避免出现类似的错误？
- 我怎样把失败转化为成功的动力？我学到什么东西可以传授给他人？
- 下一步，我有什么计划？什么时候开始？怎样进行？

六、创建社群，监督和配合以达成目标

团队的监督和配合是达成目标极有效率的方法，因为它能给你提供一个支持体系。相比单打独斗，创建社群还能让你更有目标感和责任感，为实现目标而建立一个由相关人群组成的小组，可以是线上或线下的形式，这能让整个过程变得更有意思，你也能从别人身上获益良多。

加入支持体系的好处在于：第一，帮你筛选出一批"三观"一样、梦想一样的人，通过社群，你可以认识好多"同频"新朋友；第二，在实现目标的过程中，提供支持、监督、帮助，榜样的力量是无穷的；第三，支持体系能让你负起责任，当你失败时，他们不会让你轻易放弃；第四，具有建设性的讨论、分享信息以及良好的互动，能为你带来好多方面的收获；第五，节约了你的时间，有专业的人为你发送最有用、最高效的学习信息。

七、不要焦虑，不要急躁

有80%的书店都在卖那些如何教你成功的"鸡汤"书，有80%的知识付费领域都在"割韭菜"，所有的商业模型都是在卖焦虑。大部分人焦虑是因为没有信仰，因而没有远见，更别谈执行力。

现实太浮躁，令人急功近利，失去原本最纯真的味道。我们需要回到本真，找到真正让你坚持下来的理由和意义。当脱去那些虚伪浮夸和所谓光鲜亮丽的外衣，如果还能让你重拾那份激情和热爱，就离你想要的不远了。剩下的，只需时光和耐心地陪伴。不要急着想要生命给予你所有的答案，有时

候,你需要一点点耐心。即便当你站在山谷中高声呼喊,也需要等一会儿才能听到那绵长的回音。生命总会给你答案,但不会马上告诉你,更不会在你心浮气躁时出现。

我注重把复杂的事情简单化、流程化、工具化,把宏大的"生涯规划"落地为五步曲。在接下来的第三章中,我将介绍一个人生战略规划的落地工具"职业生涯规划五步曲",任何人按其中的步骤实施,都可以为自己梳理职业生涯规划;我将会教大家如何找到自己的梦想和目标以及实现梦想和目标的工具和方法。看完整本书加上认真完成我布置的全部作业,你的迷茫困惑会解决80%。当然,你觉得有必要,还可以预约我做一对一职业生涯规划或者听我的线上分享课程。

第三章
落地工具——职业生涯规划五步曲

"职业生涯规划五步曲"是我学习、研究加上实践20年,力求把空泛的、复杂的理论和流程尽量简化,而且还要具有逻辑性和实用性,因而设计的这个五步曲体系。在长期规划的背景下设定清晰的短期计划是最好的方式。先梳理和制订人生终极目标,然后分解为10年目标、5年目标、3年目标、年度目标与KPI指标、月度目标计划和日计划。

第一节　第一步：制订人生管理战略目标和阶段性目标

一、你的人生目标是什么

面对人生的挑战，结果总是难以预测。探索幸福和生命的意义并不是一个新鲜话题，几千年来，人们一直思考，我们为什么而活着？我们怎样才能幸福？亚里士多德认为："幸福是生活的意义和目标，是人类存在的终极目标。"全球权威的积极心理学家索尼娅·柳博米尔斯基研究发现，一个人50%的幸福是天生的，由基因决定，10%的幸福由生活环境决定，剩下40%的幸福则由我们的行为和思维决定。爱尔兰剧作家萧伯纳说，人生真正的欢乐是致力于一个自己认为是伟大的目标。

现代社会，每个人都在追逐自己的成功，什么是成功？每个人定义不同，我认为：实现自己的目标就是成功。目标是什么？目标是建立在正确、科学判断的基础上，并通过积极的努力可以实现的一种期盼、一种愿望、一种追求、一种憧憬和梦想、一种蓝图、一种成果和目的。

你的人生目标是什么？如果这个问题你没考虑清楚，那么我们怎么能够有效安排每一年、每一个月、每一天甚至每一分钟呢？只有目标清晰，我们才有可能充分利用自己的时间，创造更大的价值。

一个人有明确目标后，行动就有了明确方向，很容易取得成功；而当一个人没有目标或目标模糊时，就很容易陷入"人云亦云""随大流"的境地，从而很容易迷失方向，找不到自我。所以，"职业生涯规划五步曲"的第一步就是制订人生管理战略目标。

我们前面提过，在当今时代，不管你愿不愿意，你都被卷入了一个"一切皆可经营""一个人就是一家公司"的时代。去工商局注册的那些公司是"有限责任"，而你自己这家"公司"是无限责任，你需要用一生的时间和信用为它担保，也必须像经营公司一样经营自己——构建自己的上下游协作关系、塑造自己的产品和服务、呵护自己的名声、把时间和精力投放到产出更高的地方。

二、如何制订人生管理战略目标

假如有一天你当上了公司的CEO，你应该如何制订企业的战略呢？战略包括愿景、使命、价值观、目标等。

为什么要建立企业愿景、使命、价值观？美国著名管理学者托马斯·彼得曾经说过："一个伟大的企业能够长期生存下来，最主要的条件并非结构、形式或管理技能，而是我们称之为信念的那种精神力量，以及这种信念对全体员工所具有的感召力。"毫无疑问，任何一家希望成为优秀甚至伟大的公司都会有坚定明确的使命、愿景和价值观。

所谓愿景，就是企业成员共有的期望和长远的理想。比如，福特汽车的愿景是"希望人人都能有一辆汽车，使汽车技术大众化"；阿里巴巴的愿景是"让天下没有难做的生意"；迪士尼乐园的愿景是"创造发现快乐与实现梦想的地方"。愿景有阶段性，5年、10年、20年，你的公司会怎么样？明年业绩涨20%，这不是愿景，而是目标。愿景是企业的（阶段性）长期目标。

所谓使命，是任务、责任的意思，是指组织存在的意义，企业要解决的社会问题。比如，迪士尼乐园的使命是"视游客为家人，为他们创造一生难忘的回忆"；Google的使命是"为整合全球信息，使人人皆可访问并从中受益"。

所谓价值观，指的是组织内个体的共有或共同追寻的行为准则。企业价值观就是要坚持做人做事的原则，价值观等于企业所有行为需围绕的核心指导原则。价值观必须能支撑你的使命。

你是你自己这家无限责任公司的CEO，那么请问，你的人生愿景、使命、价值观是什么？我知道你不知道，所以我接下来将会教你好多实用的工具和方法。

1997年，我参加了对我人生影响巨大的一门培训课程，同名畅销书是《高效能人士的七个习惯》。该书作者斯蒂芬·科维在他书中所列的七个习惯是积极主动、以终为始、要事第一、双赢思维、知彼知己、统合综效和不断更新。

在讲到"以终为始"这一章时，老师让我们做了一个练习，就是让我们每一个人写个人和家庭使命宣言。什么是个人、家庭使命宣言？它是非常有力的文件，表达你个人对目的的认知及人生的意义，当成你决策及行为表现的"宪法"。还记得我在第二章"人生角色全局观"中列举的例子"我的家庭使命宣言"吗？下面我们正式开始思考和撰写人生战略目标。

先看一下当年我的分析思路和结果，24岁时，我自己的一套分析逻辑如下：

我首先认可"幸福是生活的意义和目标，是人类存在的终极目标"这个观点。

"幸福"这个词有点空，我把它量化一下，反问自己，你做到什么就能感到人生幸福了？我的回答是，人生有两大幸福，一是做自己喜欢做的事；二是和自己喜欢的人在一起。我所理解的"幸福生活"是找工作一定要找自己喜欢的，这样每天早晨7点钟到晚上6点钟都是高兴的；再找个喜欢的人在一起，这样晚上6点钟到早晨7点钟都是开心的。这就是我们普通人的幸福生活，不是吗？

爱尔兰剧作家萧伯纳说人生真正的欢乐是"致力于一个自己认为是伟大的目标"。那么，人生的终极目标是什么？我分析出来的答案是，人生终极目标是"幸福＋一个自己认为是伟大的目标"；而"幸福"＝做自己喜欢做的事＋和自己喜欢的人在一起。

因此，人生的终极目标是找到自己喜欢做的事，去做；找到自己喜欢的人，去爱；找到自己的"人生使命"，去干；找到自己的"人生梦想清单"，去浪。

接下来就简单了，思路清楚，梦想目标已定，执行就可以了。于是，我24岁时就确定了自己的人生目标，如今20年过去了，全部达成，幸福感、成就感满满。

现在，让我领着你开始找寻你的目标和梦想吧！

你的人生愿景是什么？什么叫"真正目标"？真正目标就是符合一个人内心的永久兴趣以及核心价值观的目标。愿景就是所向往的前景，是我们为之"奋斗希望达到的图景"，是人生目标的概括表达，是我们将来成为的样子。人生愿景即人生目标的整体景象。愿景可以让人为一个自己认为至高无上的目标献上无限心力，从而形成一种自然的、发自内心的强大力量。那么，你的愿景是什么？你的真正目标是什么？你的人生目标是什么？你觉得自己的人生使命是什么？

你觉得你人生的精神价值观（也可以叫"人生信仰"）是什么？比如我的精神价值观是正直诚实、公平公正、善良责任、独立自强，让这个世界因为我而变得更加美好一点点！

大家都应该在网上看到过一篇文章，说的是国外一名护士问临终者，他这一生最后悔的事情是什么？

排在前五名的答案是：第一名，我希望当初我有勇气过自己真正想要的生活，而不是别人希望我过的生活。这是所有后悔的事中最常听到的。第二名，我错过了关注孩子成长的乐趣，错过了爱人温暖的陪伴。这是他们最深的后悔与愧疚。第三名，我希望当初我能有勇气表达我的感受。太多的人压抑自己的感受与想法。渐渐地，他们就成了中庸之辈，无法成为他们可以成为的自己。第四名，我希望当初我能和朋友保持联系。多少人因为自己忙碌的生活忽略了朋友，忽略了曾经闪亮的友情。朋友也好，爱人也罢，其实生命最后的日子里，他们才是我们最深的惦念。第五名，我希望当初我能让自己活得开心点。他们在自己既定习惯和生活方式中太久了，习惯了掩饰，习惯了伪装，习惯了在人前堆起笑脸。只有临终的时候才会发现，别人怎么看你又有什么关系呢，傻也好，怪也罢，能有真心的笑，比什么都值得。

你所荒废的今日，是昨日殒身之人所祈求的明天！你需要有远见！你准备怎样度过今后的三年时间？如果你知道自己只有6个月的生命，你会怎样度过这6个月时间？有一种活法叫"向死而生"！有人说，每参加一次葬礼，感觉生命就得到一次洗礼和升华，此话不假。李开复在《向死而生：我修的死亡学分》中感叹："我忽然悲伤又理智地想到，如果我的生命所剩无多，现在该做好哪些准备？"光环笼罩，那是站在人生巅峰，而在癌症面前，人人平等。生死大病可以开启我们的智慧，促使我们依旧尽力投身工作，让世界更好；但我们更真切地知道，生命该怎么过才是最圆满的。正所谓"未知死，焉知生？"由此可见，从死亡的角度看向生命，就会懂得应该如何更好地活在当下。

迪士尼公司创始人华特·迪士尼（Walt Disney，全名Walter Elias Disney，又译沃尔特·迪士尼）崇尚的一个观点是"一个人应该尽早树立自己的目标，然后竭尽所能去追求他的目标，通过不懈的努力，他可能会实现这个目标，或者，他可能会发现其他更有价值的东西。但最后，无论结果如何，他都知道他曾经活过。"

人生其实只有"3万天"，短短3万天，别留下太多遗憾。30000÷365≈83（年），如果你活到83岁，人生只有3万天。1万天用来成长，1万天用来奋斗，1万天用来享受生活。每个人都公平地享有这1万天，你正在用你的人生做什么？而你又将如何分配属于你的3万天？用于我们奋斗的黄金年华只有22—45岁的不到1万天，你还想慢慢来吗？

练习七：去医院看一天

没有人会长生不老，没有人会一生平安，生老病死是人之常态，人唯独不能战胜生老病死。当与之面对时，方显人生百态，方能验证人情冷暖。

医院,一个距离生老病死最近的地方,一个体验人生旅程的地方,在这里目睹的一切才是人生的现实。因此,选择一天去医院看看,在这里放下一切虚伪,放弃一切虚荣,回归自我。去医院看看,然后进行自我反思,并回答这样的问题:

- 在医院里目睹"生",我的领悟是什么?
- 在医院里目睹"老",我的领悟是什么?
- 在医院里目睹"病",我的领悟是什么?
- 在医院里目睹"死",我的领悟是什么?

练习八:生命关注点

我在上生涯规划课程时,我的导师曾经问我:"Wendy 宋,未来某天你希望自己成为什么样的人?做到什么事情?拥有什么东西?你想帮助谁?"

有一位圣人说过:"思考自己的死亡是集中精力的最完美方式。"所以,思考"在我死之前"这个问题会帮助我们清晰认识自己的梦想——关于成为、做到、拥有、帮助的梦想。具体如下:

- 在我死之前,我希望成为什么样的人?(旨在开发自我)
- 在我死之前,我最想做的三件事是什么?(旨在实现目标)
- 在我死之前,我想拥有的事物是什么?(旨在主宰事物)
- 在我死之前,我想通过什么方式帮助他人?(旨在帮助他人)

对于"生命关注点"这个命题,这里举一个我自己的实际例子。

在我死之前,我希望成为一名在人力资源管理和职业生涯规划领域的专业人士;成长为一名有影响力的 HR 入门导师、职业生涯规划师和人生教练;成长为一名对家人、朋友、其他人及社会有价值的人。

在我死之前,我最想做的三件事(实现目标),一是实现环游世界 60 个国家和地区,足迹遍布七大洲四大洋,体验全世界各种好吃、好喝、好玩、好乐的;二是引领 10 万名"小白"学习 HR,帮助他们入行找到工作并陪伴他们职业成长；三是帮助 10 万年轻人学习职业生涯规划课程，习得生存技能，解决迷茫困惑，找到自己的人生梦想。

在我死之前，我想拥有的事物（主宰事物），一是健康有型的好身体，不受病痛折磨，健康优雅地老去；二是灵魂相交的伴侣或朋友、幸福美满的家庭；三是成为一名工作生活动态平衡、人生十大角色都幸福圆满的女人。

在我死之前，我想通过这样的方式帮助他人（力助他人）：一是通过写作、课程、演讲、咨询等方式帮助迷茫困惑的年轻人找到人生的意义和方向；二是通过我的 HR 课程，可以帮助中国的中小民企提高人力资源管理水平；三是通过以身作则、坚持做公益，带动和影响更多人做举手之劳和快乐公益。

好了，该你了，现在我作为你的导师来问你：未来某一天你希望自己成为什么样的人？做到什么事情？拥有什么东西？你想帮助谁？

练习九：策划你的葬礼

为什么要思考死亡？因为思考死亡是为了活得更好！

人不应该恐惧死亡，他应恐惧的是从来未曾真正的活过。每一个人都有一个确切来到世界的时间，请你假设你消失的时间，××××年到××××年，享年××岁。本份策划你将委托给谁？他还是她？你希望现场用哪种鲜花装饰？（这是布置的要求）你希望如何处理你的社交账号？邀请名单包括一生遇见的亲人、爱人、朋友、同事、前任等，你希望谁来参加你最后的仪式？

如果你即将长眠地下，回顾你的一生，并有机会给自己写一个讣告，希望别人能够记住你这个生命，那么你希望人们怎样去缅怀你？你又将会如何撰写你自己的讣告？你希望你的讣告由谁在现场朗读？现在，请找一个安静的时间，放一首轻柔的音乐，先闭上眼睛，思考一下吧，然后写下"我的讣告"。

接下来，给自己写"墓志铭"。如果你即将长眠地下，回顾你的一生，

第三章 落地工具——职业生涯规划五步曲

并有机会给自己写一个墓志铭,想让后人一看就能知道你来过这个世界,那么就请现在思考一下你的墓志铭。你将会如何撰写你自己的墓志铭?请找一个安静的时间,放一首轻柔的音乐,先闭上眼睛,思考一下,然后写下来。

举我自己的实际例子——给自己策划的葬礼。

我的生卒年是1973年到2061年,享年88岁。本份策划我将委托给我的先生,因为他是我最亲密的爱人。我希望现场用各种各样的鲜花装饰。布置要洋气点,我可是见过大世面的人。

对于社交账号的处理,我写好一段话,是对这个世界的告别语。先是提前90天发朋友圈和各个社交账号,接受亲朋好友的祝福;最后自己亲自注销账号,和这个世界安然告别。

邀请来参加我最后仪式的名单,都是我一生遇见的亲人、爱人、朋友、同事、前任等,他们是我人生之中经历过的人,能邀请到的,对方也愿意来的(没关系,有直播,哈哈哈)。

我即将长眠地下,回顾我的一生,然后给自己写一个讣告,希望别人能够记住我这个生命,希望人们缅怀我。我希望我的讣告由我的亲密爱人朗读。现在,我找了一个安静的时间,播放一首轻柔的音乐,闭上眼睛,静静地思考,然后写下自己的讣告:

宋文艳女士,她的一生忠于她的人生信仰——正直诚实、公平公正、善良负责和独立自强。她提倡的追求梦想,追求人生工作、生活动态平衡的理念影响了许多人。她的事业梦想:第一是帮助更多的年轻人摆脱迷茫困惑,找寻人生真正的意义,达成目标;第二是引领年轻的HR"小白"入行并陪伴他们学习成长,她都做到了!同时,在88年的人生历程中,她一直在找寻梦想、实现梦想,她的人生十大角色都力所能及地扮演得非常圆满幸福,正应了她书中的那句话——活时淋漓尽致,去时了无遗憾!她是一个幸运的人,我们更幸运,因为我们在自己的生命列车与她在同一节车厢相遇。她到站了,朝我们挥了挥手,轻轻地,她走了!我们永远爱她!想念她!感谢她的陪伴!

给自己写"墓志铭"是想让后人一看就能知道我来过这个世界,它也是我前进的灯塔。现在,我找了一个安静的时间,播放一首轻柔的音乐,闭上眼睛,静静地思考,然后写下我自己的墓志铭:

她是一个自由快乐的人,幸福地按自己的梦想过了一生!

再举一个我的同学大庄的例子,我在2007年学生涯规划课程时,我的同班同学的作业——大庄给自己写的讣告:

很多人说他是一座灯塔,毫不吝惜自己的光和热,为人们指明前进的方向,他却认为自己只是一艘航船,在自己的航行中邂逅了其他的航船,并做了力所能及的事,不足挂齿。

我们非常庆幸在自己的航程中遇见了他,他是我们的导师、父亲、兄弟、朋友和伙伴,有他在的地方,总是令人感到无比温暖,即使是在最为困厄的时期,他也能给人以激情和信心。

现在我们一直沐浴着的温暖炉火已经熄灭,炉灰已冷,我们在这里并非为他的逝去而哀悼,而是满怀感恩来赞美着荣誉和激情,让他的追随者永远从他的思想中得到力量。

庄先生享年90岁。

上述"生命关注点"练习和"策划你的葬礼"练习其实是价值观、目标设定的工具。好了,该你做练习了。

三、成功者几乎都有"人生梦想清单"

英国哲学家艾伦·沃茨(Alan Watts)在他的演讲短片"如果钱不是问题,你最想干什么?"中就提出了这个埋藏在人们心底的疑问:什么让你兴奋?你喜欢什么样的生活?你问过自己这个问题吗?也许在最寂静的深夜,你曾经有过那么一瞬间想过这个你觉得有点不太现实的假设,可是,如果是真的,你会怎么做?

如果你说挣钱是最重要的事情,你就会穷极一生浪费时间,你将会做你

第三章 落地工具——职业生涯规划五步曲

不喜欢的事情,只是为了生存去做,一直持续不断地重复做你不喜欢的事情,那是很愚蠢的。拥有一个短暂但做的是自己喜欢事情的人生,好过拥有漫长而过得糟糕的一生。这是因为,如果你真的喜欢你所做的事情,不论它是什么都没有关系,你最终都会成为这一行的大师。

你这一生真正想要的是什么?什么是你真正想去完成的事情?

什么事情是当你突然发现不再有足够的时间去完成的时候,会后悔不已?这些都是你的目标,把每个这样的目标用一句话写出来。人生的意义和满足感来自目标的设定和完成,当一个人完成了某一方面的目标,比如爱情、工作或精神追求时,他人生的意义和满足感会随之增加。

我发现,周围好多人3年、5年甚至10年之后,他们的生活依然没有太大的变化。而成功的人几乎都有"人生梦想清单",这些清单使他们变得更快乐、更积极主动,能力更强。最新研究证明,树立明确的目标以及实现这些目标能使你的生活更有意义和丰富多彩,而"人生梦想清单"帮助人们发现及获取他们在人生中想得到的东西。

把你的目标清楚地用文字写出来,将会帮助你发现自己真正想从生活中得到什么,并朝着自己的目标前进,使人生更加有意义。它会让你有更强烈的使命感,使你的生活更有方向,让你感觉可以控制自己的命运。而且它还可以提供一种明确的标准,使你可以更好地衡量哪些活动才是值得你参加的,哪些是真正有意义的。你将可以更好地平衡生活的各个方面,减少自己在时间分配方面所遇到的冲突。当你写下目标,就等于事先承诺了一系列行动,也为自己确立了责任。当你与他人分享这些目标时,你就为这个过程添加了更多的责任。所以,目标要公布出来。

当我们写下目标后,我们会开始主动寻找有助于我们实现这些目标的环境和心理及其他各种因素。这个简单地写下目标的过程还能激发出一种更乐观的心态,引发人们寻找一种更创新的"路径思维",产生多种解决方案。

是时候开始一项非常有趣并能悄然改变你生活的任务了,是时候坐下来写一份你的人生目标清单了,这张清单将充满着你对生活的希望、灵感、激情、

世界500强HR人生管理笔记

承诺、意义和目的。

练习十：这一辈子你最想做的100件事

（或叫"遗愿清单""人生梦想清单"）

我们可以做一个有趣的练习，是做一个全面的关于我们在故去前想要做的事情的清单。此列表提供了一个对你所能设想和实现的美好梦想的记录方式。请填写此表，常常参阅它，并核对它们，把完成的目标划掉。

如果你没有100个目标，也请不要担心，事实上，如果你连最起码的10个目标都没有，也不用担心。关键是让事情开始，尝试推动早期的、容易实现的目标，进而深入思考其他一些目标。

记住：第一，人生目标的重点是乐趣、冒险及终极的满足感；第二，千万不要把目标限制在你觉得有可能实现的事情上，在钱和时间都不是问题的前提下充分发挥想象力。

下面是一些提示和提问，如果你需要一些帮助来进行逆向思考"人生梦想清单"，下面的问题非常有用：

● 某次旅行，想去什么地方？
● 见某个人；
● 你小时候最美好的愿望是什么？
● 你还想重拾的那些在离开学校之后就磨灭的梦想，现在在哪里？
● 如果你遇到挫折，想想那些感觉像童话的经历；
● 你的理财目标是什么？
● 你曾梦想在什么年龄退休？退休在什么地方？和谁？
● 确保你列出了所有你想听到、想见到或想做的事儿？
● 在这里疯狂吧，你私底下想做哪些别人认为可笑的事情？
● 你最深刻的价值观和精神信仰，在生活中做什么可以体验？
● 如果你6个月后就要离开人世，你最想经历、最想说、最想看或者最想实现的是什么？

- 如果你3个月后就要离开人世,你最想经历、最想说、最想看或者最想实现的是什么?
- 如果你1个月后就要离开人世,你最想经历、最想说、最想看或最想实现的是什么?
- 如果你3天后就要离开人世,你最想经历、最想说、最想看或最想实现的是什么?

如果你需要一些帮助来进行逆向思考,也从下面几个方面思考:一是自我形象。你希望成为什么样子的人?假如你可以变成你向往的那种人,你会有哪些特征?二是职业工作。你理想中的职业状况是什么样子?你希望你的努力可以发挥什么样的影响力?三是个人健康。你对你的健康、身材、运动以及其他和身体有关的事情,有什么期望?四是家庭关系。你理想中的家庭生活是什么样子?五是人际关系。你希望和你的家人、同事、朋友及其他人保持什么样的关系?六是有形财产。你希望拥有哪些物质财产?希望拥有多大数量?七是个人休闲。在个人的学习、旅游、阅读或其他活动领域中,你希望创造出什么样的成果?

举一个我的例子。我是2007年开始写"人生梦想清单"的,平时想起来一个,我会及时添加到清单后面,当年完成的梦想会拿笔画掉,超有成就感!

比如:Wendy 宋文艳的22—40岁的部分人生梦想清单:

- 看刘德华现场演唱会,坐内场第四排,离我的偶像更近;
- 第一次去看大海;
- 进外企在高级写字楼上班,找一份喜欢的工作;
- 提高英语水平,快点学习HR专业知识技能,不要被老板炒掉,HR专业上提升,早点独立胜任工作;
- 买人生第一套房;
- 买人生第一辆车;

● 找个好看的男人结婚，生个孩子；

● 自己第一次出国旅行，带父母出国旅行，第一次坐大飞机、坐大邮轮等；

● 创业开一家公司；

● 开一家咖啡厅；

● 去北京学习人力资源和职业规划课程，做讲师、咨询师等；

● 去南极，去珠峰大本营，去看金字塔，去尼泊尔徒步，去耶路撒冷，去死海，去沙漠露营，去西藏看布达拉宫，去新疆看大草原骑马一整天，等等。

如今20年过去了，当初定的梦想，都实现了。现在，每年我都会增加一些新梦想在清单上，继续我的人生下半场梦想清单。我把现阶段的一部分清单展示如下，抛砖引玉，希望你早点书写属于你自己的人生梦想清单。

Wendy宋文艳的人生梦想清单（40—88岁）。我把梦想分三大类：工作事业梦想、美好生活梦想、学习成长梦想。

工作事业梦想：

● 继续创业，研发HR实操培训课程体系，引领10万名"小白"入行，陪伴他们入行、学习成长。

● 写2本人力资源实操的书，一本给HR"小白"看，一本给创业者企业老板看，分享管理经验。

● 写1本关于人生战略规划的工具书，总结人生所思和实践，帮助更多的年轻人成长。

● 一共3本书，2019年春天出版，全国卖书卖课，全国演讲宣传推广个人品牌，成为一名畅销书作家，影响更多的年轻人。

美好生活梦想：

● 50岁前实现环游世界60个国家和地区（南极、北极、珠峰大本营），走遍七大洲四大洋（已经去了50个国家和地区，包括南极、北极、珠峰大本营，还有10个在未来5年内完成）。

- 结婚生子，教育陪伴，快乐成长，送孩子出国留学，为她创造最好的教育条件（女儿15岁，2年后去加拿大留学）。
- 拥有好身材，保持在56—59公斤，坚持健身，健康生活（已经从75公斤减到60公斤了，继续运动，争取早日达标）。
- 减肥成功后，拍一套海边比基尼写真，要露出"马甲线"，留下青春美丽回忆（还没减肥成功，争取早日实现）。
- 找一个好男人，"三观"正，长得好看，爱运动、爱旅行，陪我环游世界，最重要的是爱我，愿意陪我到老（已经找到了）。
- 找一个合适的城市，买一个适合退休养老的房子（已经买了海口的67平方米房子，大海边上，面朝大海、春暖花开，退休了去住）。
- 所有好玩、好吃、好喝、好乐的，多多尝试（正在进行中）。
- 2020年看北极光（加拿大黄刀镇，住一周看极光，期待）。
- 体验全世界最有特色的一些酒店，比如悬崖酒店、森林酒店、冰酒店等（还差冰酒店没住过）。
- 去英国、美国、加拿大、法国等国家一些有特色的地方游学小住（2020年起每年去一个国家）。
- 自驾旅行，走全世界最美的路线，比如，美国一号公路、加拿大枫叶大道、新西兰南岛等（2020年起）。
- 做"多背一公斤"公益加旅行的公益活动，从2009年开始，坚持做15年。
- 女儿15岁、18岁过生日时，和她一起去拍套艺术照合影（15岁的已拍，很美）。
- 买够7套房，先出租，等55岁起，每隔5年卖一套养老，买房卖房养老计划（已经买够了7套，还有2套在还贷，预计5年后还清贷款）。
- 钱赚够目标数，就提早退休，想干嘛干嘛（7套房+300万元现金，就可以正式退休了，还需5—10年，计划55岁退休）。

学习成长梦想：

● 做个人公众号，记录我的工作、生活、学习（2019年开始运营）。

● 攻克英语，可以完全和外国人交流，可以去任何英语国家自助游（2019年开始重学）。

● 读MBA（已经读完英国威尔士大学的MBA学位）。

● 报声乐班，进录音棚录首歌（就是因为天生五音不全，才要挑战，2019年开始）。

● 报游泳班，真正学会游泳（目前只会一半）。

● 报烹饪班，考个证，能做无数美食。

● 考潜水员证，每年至少1次国外潜水，世界十大潜点中要去5个（已考过OW和AOW，每年1次国外潜水）。

还有什么梦想，未完待续……

好了，看到这儿，请你拿起笔，安安静静地思考下人生，写下你的人生梦想清单吧。

好处是：有目标的人，具有使命感，对人生每一步都能稳健规划，并按照计划实现梦想，人生充满节奏感！每天早上叫醒你的不是闹钟，而是梦想，每天都要活在梦想里！

第二节 第二步：探索职业世界——职业的真理，了解行业、职业、企业、岗位

一、关于"职业"的真理和正确理念

什么样的工作才算是理想的工作呢？一份合适的工作可以使你的生活变得更加充实，它能让你实现自我，符合你做事的风格，并能够反映出你是什么样的人。它使你的天赋得到充分的施展，它不会勉强你做你不太擅长的事（至少不会总是这样）。怎样才能知道你是否已经找到它了呢？这里有几条标准可供参考。若你还未工作，那么，在你求职的时候请务必将它们牢记于心；若你已经有工作了，那就比较一下，看你的工作是不是符合这些标准。

当你找到理想的工作时，你应该期盼着去工作，因工作而感到兴奋、充实（绝大多数时间如此），感到你的付出被尊重和赏识；当向别人描述你的工作时感到自豪，喜欢并且尊重你的同事。

现在已经很少会有人一辈子服务于一家公司的情况，频繁的工作转换已经成为一种惯例。在一生中，平均每个人需要变换3—7次工作。这意味着人们不仅仅变换公司或工厂，也同样变换他们工作的类型。问题的关键是，换工作可以，但80%的人是盲目跳槽，上班上了10年，一份简历拿不出手，三十好几了，还得去劳动力市场求职。如果35岁还没有猎头主动挖你，你前10年职场经历真的好失败。不要乱跳槽，职业要有规划，跳槽更需要规划。

现在培训和再教育已经成为常事，因此一定要有终身学习的理念。不要以为"211""985"有多"牛"，国外留学有多"牛"，大学课本上学的和实

世界500强HR人生管理笔记

际工作中完全就是两码事,心态归零,进入社会一直保持学习状态。在现职的工作中要做到"超出领导期望",早点升职、轮岗,多承担岗位职责,拿公司的平台练习实操,业余时间,进修学历、考资格证、学外语等各种和未来2—3年岗位技能相匹配的学习提升。要为2年后的岗位做准备,不要得过且过。只要技术好、能力强并且保持不断学习,都可以取得一定的成就。给自己先定一个小目标:成长为公司HR和老板舍不得你主动离职的那个人。

其实,做没有技术含量的工作意味着没有工作。吃青春饭的没有技术含量的工作不要长做。因为没有技术含量的工作最大问题就是可替代性强。今天你是年轻人,刚毕业的大学生,干得快、能加班、工资低,等你熬了几年,比你干得更快、更能加班、工资更低的年轻人就把你替代了。判断标准是:你的老板在开了你第二天就在这个城市邀约了十几个可以替代你的人,那么对你来说,你的工作就没有技术含量、没有价值。你要有危机感,比如,会计是一门技术活,是一门实践学科;HR是一门技术活,是一门实践学科。建议你早点找到有技术含量的工作,越是有"门槛"的职业越有技术含量。

举一个来询者的案例。她是大专毕业生,家境一般,毕业就出来找工作,做客服,看不到前途,网上搜索后找我做职业规划咨询。然后,后面三年继续在运营商的呼叫中心工作,三年里从基层话务员做到团队小组长,然后去培训组带新员工,做新员工入职岗前培训工作,最后一年里做到了话务中心的现场主管,跻身管理层。她第一次来找我时说,在其位谋其职已经不适用于现在的大环境了,现今不但需要做好手头工作,还要摸清、摸透客服中心的运营方式。简单地说,客服中心组建最起码需要"QA–QC–主管–培训"的闭环,再加上团队建设CRM系统建设等,并非毫无技术含量,恰恰相反,客服行业缺少的正是高端深层次人才。今年是她工作的第四年,在这一年她跳槽了,从运营商出来,先任职了金融公司客服部经理,这个月刚被内调到人力资源培训中心工作。

第三章 落地工具——职业生涯规划五步曲

职业的真理究竟是什么？这么多年，我发现一件事，正如我们在职场上看到许多人工作不快乐，因为他们觉得自己在做自己不喜欢做的事情。其实工作不快乐，兴趣不是全部的原因，而是能力不够，没有能力把手上的工作做好，得不到上司的认可和肯定。所以，如果工作不开心，先问下自己，我不喜欢目前的工作是因为真的不喜欢，还是目前的工作做不好，没有成绩？如果自己工作做得挺好，但就是不喜欢，没兴趣，那才需要探索自己的职业兴趣。

还有一个问题也在实践中被印证了，那就是每个你羡慕的职业，你看到的都是光环。人们常说他们真正感兴趣的是做别的工作，可事实上，那仅仅是因为你还没开始做那个工作，还没有在那个工作上遭受挫折而已。

就公务员而言，羡慕者说它是永远都不用担心失业的工作，是从父母辈到"95后"这一辈都在热追的"铁饭碗"；工作压力小，社会地位高，到什么时候都饿不死累不着。而公务员自己认为，做的是琐事，操的是杂心；工作内容程式化，工作环境压抑缺少活力，说话办事都要小心谨慎；人际关系复杂，现在管得严，没以前好混了，大年三十下午4点钟还有暗访组检查看有没有人溜号。

对于教师这个职业，羡慕者说，多好，有寒暑假，跟学生打交道，多么单纯又美好的职业啊！从业者自己认为，如果你是一名大学教师，讲课之外，还要写论文，没有发表论文，没有职称，课讲不好，学生打分低，职称就泡汤了；如果你是一个小学或初中老师，光是一个班50多个孩子吵闹一天，就不知要死多少脑细胞。

对于飞行员或空乘，羡慕者说，不要钱打飞的世界各地旅行。从业者说，你很难想象，因为高空作业，空乘有多少职业病——肌腱炎、尿道炎、静脉曲张，甚至子宫下垂。遇到格外挑剔的乘客，说不定还会闹出点心理疾病。

对于律师这个职业，羡慕者说，凭借尖牙利嘴，说几句话就能赚大钱，时间自由，不想接案子的时候就能休息。从业者说，案源压力大，如果你没有特别的专长，你的案子随时会被别人抢走。没有案源，就没有一切。刚入行的小律师至少要磨炼10年，熬到有个人品牌才有好日子过。

对于医生，羡慕者说，多好的职业，救死扶伤，工资还特别高。从业者说，这就是高风险、高体力的医疗活动，还得具备承受各种手术并发症的心理准备，需要随时应对患者或家属的不满意、医闹、医疗纠纷等。

对于编辑、记者或媒体而言，羡慕者说，不用坐班、时间自由，能一觉睡到自然醒；每天接触新人新事，工作永远充满新鲜感。从业者说，没有坐班时间，就没有下班时间，24小时手机开机随时待命，通宵达旦写稿简直是工作常态。没错，没有周末是必须的，当"夜猫子"是必须的，纸媒越来越不景气，都要失业了。

上面的例子对刚毕业的年轻人很有教育意义。谈从事自己感兴趣的工作，目前还是有难度，所以，更重要、更符合现状的是这句话：做好手头的事，做好了才有兴趣。职场上好多工作就是熟能生巧，等你工作能力提高了，达到老板的要求，甚至超出老板的期望，得到表扬赞赏，有成就感，自然就更喜欢、更擅长了。

对一个大学毕业生来说，对于一个刚刚从校园步入社会职场的新人来说，人生的第一份工作并不会是"好工作"。但这不重要，工作，其实就是一份谋生的手段，你付出劳动，老板付给你报酬，在企业的平台上不断挑战，提升技能，然后得到更高的职位、拿更高的薪酬、领导更大的团队完成更难的任务，一个良性循环而已。

那么，到底什么是一份好工作？工作的意义是什么？这需要你弄明白这样一些问题：这份工作对我有意义吗？这份工作将会给我带来发展机会吗？我还能继续学习新东西吗？我有机会得到认可获得成就吗？我将会被赋予更多责任吗？这些才是真正驱动你们的动力，一旦你清楚了这一点，什么才是你工作中最重要的就会越来越清晰。

事实上，人生是分阶段去实现职业目标和人生目标的。人生要打三份工，为了生存、为了兴趣、为了理想。工作不是人生的全部，工作是实现你人生梦想的工具而已。

我工作24年的体会是人活着总是要找些事情来做的，如果一个人所做的事情不仅能够改善自己的生活，而且能够改善别人的生活，同时，他在做这些事情的时候，感到很轻松、很快乐，那么，他就真正选对了职业。对此，你认同吗？

二、如何了解行业、职业、企业、岗位

所谓行业，是指从事相同性质经济活动的所有单位集合。行业分类是按照单位或劳动者从事的经济活动进行的分类。处理庞大的工作世界的一种方式是把其中成千上万的职业进行分类。花时间了解行业、岗位，从整体上看，这种方法最节省时间。

人们都怕入错行，这一点足见确定行业的重要性，这也是很简单的道理。因为所有的就业单位都在它的行业中，先确定行业，才能找到行业中的企业。

招聘经理喜欢录取热爱本行业的毕业生，会通过面试问题考察你。第一，你有没有在大学四年或工作后做过探索，确定了自己未来想从事的2个至3个行业，相对聚焦。第二，大学四年或者工作后有没有为了你热爱的行业做过哪些准备工作？怎么做的？结果如何？这答案的背后能体现你的思维模式、视野格局、目标管理、行动力等。

确定了自己喜欢的行业后，在简历撰写和面试准备上会更有针对性，就可以避免海投简历和花更少的时间去准备面试。假如毕业随便选择进入一个行业，两三年后你发觉自己所在的行业不是自己喜欢的，想转行，此时在时间成本上不划算。

选行业有几个重要的评价指标：行业的现有和未来规模有多大？只有水深鱼大，你的机会才多。行业的发展趋势如何？行业的特征会对工作的状态产生不同的影响。

目前，中国有20多个行业，95个大类，细分成913个小类。按照国家

统计局的信息列出下面17个大行业,这个排序是两年前统计局发布的工资排序,由高到低列举如下。

- 信息传输、软件和信息技术服务业。
- 金融保险业。
- 科学研究和技术服务业。
- 电力、热力、燃气及水生产和供应业。
- 文化、体育和娱乐业。
- 租赁和商务服务业。
- 交通运输仓储和邮政业。
- 卫生和社会工作。
- 房地产业。
- 批发和零售业。
- 教育行业。
- 采矿业。
- 制造业。
- 建筑业。
- 水利、环境和公共设施管理业。
- 居民服务、维修和其他服务业。
- 住宿和餐饮业。

在了解行业前,你首先要搞清楚一个根本问题:这个行业的链条是如何运转起来的?这个行业的存在是因为它提供了什么价值?这个行业从源头到终点都有哪些环节?这个行业的终端产品售价都由谁制定?每个环节凭借什么关键因素,创造了什么价值获得它所应得的利益?谁掌握产业链的定价权?这个行业的市场集中度如何?

下面是可以快速了解行业的十大途径。

- 浏览专门做市场研究的网站,了解行业趋势。
- 金融投资机构的行业分析报告、上市公司的财务报表。

- 有一种公司叫管理咨询公司，一、二线的大城市有非常多细分行业的咨询公司，登录他们的官网、APP、公众号，查看咨询师们写的文章、咨询报告，咨询师出的书籍，咨询公司内部刊物。
- 行业交流网站或论坛的热门帖子。
- 看行业内知名大公司 CEO 写的自传、演讲、内部培训课件。
- 参加行业展会或论坛。
- 读几本这个行业的综述性书籍。
- 确定行业内 TOP10 企业名单，并上网查询官网和所有相关信息，还要关注名单排序的标准，及近几年排名变化。
- 利用现在的一些知识付费约见平台，可以花不多的钱去约见某个行业或某个领域的专家，去面对面咨询，同时结交高端人脉，他们很可能是你的职场贵人。
- 登录类似前程无忧、智联招聘这样的综合性招聘网站，筛选职位时，你可以先选择行业，然后点进去，能看到行业介绍、行业的薪资范围。

我参加过好多场投资公司的年会，这些投资公司不约而同地提到未来 10—20 年中国最有发展的行业：云计算、大数据、虚拟现实、人工智能、3D 技术、机器人、新能源、新材料、生物技术与生命科学、医疗器械、互联网医疗、健康养老、体育、文化娱乐、教育，等等。

对于未来 10—20 年中国最有发展的行业，投资人的观点还有：移动互联网、云计算、人工智能、大数据，这些技术在中国的应用场景空间最为广阔，与传统产业融合的空间巨大，一定会产生一批世界级企业。互联网技术改造所有的传统服务业，消费升级大场景下机会很多；智能技术改造所有的传统制造业。广义上的文化产业，大致包括：新媒体平台、直播平台、内容 IP、教育 & 知识付费、游戏 & 体育、音乐 & 影视、会展 & 赛事活动等。现在网络资讯这么发达，只要你有心，信息都能搜集到。

对于职业，根据中国职业规划师协会的定义：职业 = 职能 + 行业，这样才能算是一个完整的职业。那么，如何深入了解一个职业？

以HR为例，HR岗位的具体工作职责主要是指我们常说的"人力资源六大模块"：一是人力资源战略与规划，包括人力资源规划、企业文化、组织变革等；二是招聘与配置，包括职位分析、招聘、录用与解聘等；三是员工培训与发展，包括员工培训、职业生涯管理等；四是薪酬管理，包括薪资核算、薪酬管理、福利管理等；五是绩效管理，包括绩效考核、绩效辅导等；六是劳动关系管理，包括员工关系管理、劳动法规、职业安全和健康等。

大公司的HR更规范，包括的模块更全面、成体系，小公司在创立期和成长期，最主要的是招聘、薪酬、劳动关系这3个模块。大学生们毕业后求职和职场中人转行求职的HR岗位，大多是招聘专员、薪酬社保专员、人事行政专员等，你们可以在招聘网站上搜索HR基础岗位的招聘广告，了解更多内容。

HR岗位的任职资格要求是理论学习＋实操学习＋工作中的使用、总结，这需要8—15年的时间，这样才可以从"小白"入行到资深，职位可以从HR专员做到HR经理或总监。

HR的基层岗位必备理论知识、技能和才干。学习人力资源六大模块的理论知识与实操技能，了解劳动法、劳动合同法相关法规；熟悉社会保险、住房公积金、个人所得税、劳动报酬等相关劳动法规；简单了解一些商业知识，其中主要是企业运营管理相关知识；熟练使用Office软件，特别是Excel。此外，还要性格开朗，形象好，具有亲和力，善于与人沟通交流；积极乐观，工作敬业，严谨踏实，仔细认真；执行力强。拥有良好的服务意识及团队合作意识，有良好的职业操守，诚实正直、公平公正。具备较强的学习能力、抗压能力等。

HR岗位的就业率一直比较好，试想下，全中国2000万家民营企业，每家企业都至少有1—2名HR员工，做招聘、算工资、买社保，等公司员工从20人增加到100人、200人、500人时，HR岗位数量相应也要增加，需要一名资深的HR经理为老板做团队建设和企业文化建设，这个HR经理手下会有一个小的HR工作团队，大家按模块分工协作。所以，从数量和质量上来讲，HR 都是一个不错的职业选择。

HR 的核心工作是"人"这部分，机器能够替代重复和繁重的简历搜索和筛选工作，但与人沟通、洞察人性这部分 HR 具有不可替代性。正如《世界经理人》所说，人工智能替代了 HR 基础工作之后，HR 会有更多时间专注于核心工作，这对于企业发展和 HR 职业发展都有重要意义。所以，我们永远不会被机器替代，我们会更有价值。

快速了解职业有以下三大方法。

一是信息收集，网络定向搜索。具体包括：该职业中的工作性质；该职业所需的教育、训练或经验；该职业所需的个人资格、技巧和能力；该职业的收入、薪资范围和福利；该职业的工作环境；该职业就业地点；该职业的就业和升迁展望；与该职业相类似的其他职业；该职业资讯的来源；该职业中典型工作者的人格特质。

二是进行职业访谈。为什么要进行职业访谈？为你找工作或选专业提供有价值的信息，对你从书上或网上看到、道听途说和自己想象的道理进行一次实践的检验，是非常有用的。

具体来说，第一，了解某个特定领域或行业，你将如何适应它？它目前存在哪些问题或机会？如果你要申请某个职位，这些信息将帮助你调整自己的努力方向，让自己更符合工作的要求。第二，提高面试技能，通过和专业人士聊天，谈论你自己，你的职业兴趣、价值观、技能特长。第三，扩展你在某个领域的专家人脉，记住你的工作很大可能会来自你认识的人，建立人脉，越早越好。第四，认识更多的人，例如你可以在会谈结束时说，非常感谢您，我还想跟其他人聊聊这个领域的工作，您能向我推荐一些合适的人吗？

如何找到潜在的人脉？向你的朋友、亲戚、邻居、同学等，任何能帮助你进行访谈的人询问；参加你感兴趣领域的专业人士开设的培训班、线上线下训练营、线上线下聚会、社群等；联系你所在大学就业指导中心、网站、校友资源等渠道；联系相关行业协会、贸易商会等组织，浏览他们的官网或公众号；在报纸、杂志、各种公众号、视频、电视节目、专业的职业咨询机构、微博微信等渠道寻找信息。

访谈前需要准备所需的问题，如：在这个岗位上每天都做什么？工作性质、任务或者内容是什么？最近这项工作因科技、市场、竞争等发生变化了吗？你是如何找到这份工作的？你是如何看待该领域工作的变化趋势的？什么样的个人品质或者能力对本工作的成功来讲是最重要的？对于一个想入行的人来讲，你有什么建议吗？本工作需要哪些知识、技能和经验？工作环境怎么样？薪酬收入、福利如何？工作时间和生活形态是什么样的？职业和晋升机会、发展空间大吗？

需要注意的事项包括：一次访谈不要问题太多，5—10个问题为宜；问题一定要简洁，不要浪费他人时间，并且按约定的时间结束；给访谈对象一点自由的时间，让他主动给一些信息；为自己准备一个"30秒的广告"，可以事先编辑好文字，让对方了解一下你；一定要访谈结束后24小时内表达感谢。

三是寻找你的职业入门导师，找到所属的社群。"导师"一词具有很长的历史，其英文为"Mentor"，如果翻译成中文，即良师、顾问、优秀的领导者等，他们是某一领域中有经验的专业人士，能够从现实世界的角度为他人进行指导、建议和帮助，也就是我们中国人称之为"师父"的那个人。

在我工作过的外企，我们都有"职业导师"制度，所谓"职业导师"是指那些能够在职场中引导、帮助你、培养你和保护你的人，以前我在企业做HR时，公司招进来的新员工，我们会从中选拔有培养潜质的人，然后为他们每个人在公司内部配备两个"职业导师"，一个是他的直接上级，是直接主管和下属的关系，通过主管对下属进行指导、传授经验，来提高新员工的工作技能；另一位导师人选，是该新员工跨部门的资深经理或者总监，是除本职工作外，人生、精神层面的导师。

下面不妨再说一点我们能看到的关于职业的趋势。

所有职场人，都应该问自己3个问题：第一，我今天的工作5—10年后机器能做吗？比如，中国所有只具有出纳水平的会计几乎都会消失，因为

第三章 落地工具——职业生涯规划五步曲

已经有一套关于电子发票的软件,所有的发票通过电子发票都能解决掉,这个时候只会开发票的会计还有用吗?比如高速公路上的收费员等。第二,你现在的工作会不会被外包?在一个大平台小团队的世界中很多工作都会被外包,你的工作会被外包吗?第三,有没有哪些工作是时间的复利,越来越有价值?应该早点开启大脑思考这个问题。李开复老师曾经说过这样一句话:"我们的一生可以说是用时间来换取才华,才华越来越多,时间越来越少。如果一天天过去,时间少了,才华却没有增加,那就是虚度了光阴。"理财中的重要概念"复利",也就是"利滚利"思维,如果能够应用在自身的成长之上,你觉得会有多神奇的效果?"复利"思维意味着对自身已经拥有的资源和优势(本金)进行全面了解之后,不断最大化地重复利用资源,以取得更多的进步(利息),这一过程不断迭代。每次做事时,务必留意在完成任务的过程中,自己展现出了哪些特质?你所具有的哪些长处,帮助你完成了这件事?这就是有意识地去认识自己。记下这些特质和长处,在之后每次做事时,有意识地主动利用它们,并且在不断的实践之中,强化这些特质,使其发挥最大效用。总体来说,一个人,只有学会主动认识自己、了解自己,才能快速成长。

练习十一:某职位的网络定向信息收集

这个练习的目的是更多地了解自己心仪的职业,了解更多、更详细的内容。

可以通过前程无忧、智联招聘、中华英才网、猎聘网等进行定向信息收集,如果你是大学生,还有专门针对你的招聘网站百度、知乎,全方位地在网络上收集信息。搜索的信息内容包括:该职业中的工作性质;该职业所需的教育、训练或经验;该职业所需的个人资格、技巧和能力;该职业的收入、薪资范围和福利;该职业的工作环境;该职业就业地点;该职业的就业和升迁展望;与该职业相类似的其他职业;该职业资讯的来源;该职业中典型工作者的人格特质。

129

练习十二：职场前辈访谈

这个练习的目的是找到你心仪、有兴趣的职业前辈访谈，更多了解真实的、一手的职业信息。至少找3位职场前辈，前辈最好有3—10年的从业经验。

访谈内容包括：工作性质、任务和内容；工作环境、就业地点；所需教育、培训或经验；所需个人的资格、技巧和能力；收入或薪资范围、福利；工作时间和生活形态；相关职业和就业机会；组织文化和规范；未来展望，给你这个"小白"入行的建议。

要了解企业，首先要明白什么是企业。企业是在商品经济范畴，作为组织单元的多种模式之一，按照一定的组织规律，有机构成的经济实体，一般以盈利为目的，以实现投资人、客户、员工、社会大众的利益最大化为使命，通过提供产品或服务换取收入。它是社会发展的产物，因社会分工的发展而成长壮大。

企业一般经历以下几个发展阶段：第一阶段是初创期。企业刚刚成立，规模小，没有盈利，还在准备产品研发阶段称之为初创期，企业初创期的特点是企业在创建之初是小规模的、非官僚制的和个人的。第二阶段是成长初期，步入正轨，初显成效。企业业务快速发展，由单一产品转向多个产品线；人员大量增加，跨部门的协调越来越多，并越来越复杂和困难；企业面临的主要问题是组织均衡成长和跨部门协同。第三阶段是成长后期，属于高速发展期。这是企业蓬勃发展的阶段，企业规模、业绩都有很大的发展和提升，拥有了一定的资源和组织能力，开始对公司的内外部环境进行深入的探索，提出问题、做出评价。企业在战略、决策、信息方面为企业长远目标寻求发展空间。第四阶段是成熟稳定期。在这一时期，在生产作业、营销、人力资源等方面全面成熟，形成其核心能力和竞争优势。在这一阶段企业关注的是利润的增长，稳固其在市场中的地位以及掌握独特资源，创建自身的竞争优势。第五阶段是寻找生态圈，实现可持续发展或者慢慢走向衰败。

按照企业生命周期理论，企业发展一般都会经历前面提到的这几个不同阶段，企业面临的问题和发展的侧重点完全不同。在创业期，企业组织和流程不规范，但大家高度团结，创业的核心人物能够对每个人施加影响，因此效率很高，企业面对的主要问题是市场和产品的创新。在成长期，企业业务快速发展，由单一产品转向多个产品线，人员大量增加，跨部门的协调越来越多，并越来越复杂和困难，企业面临的主要问题是组织均衡成长和跨部门协同；在成熟期，由于创新和创业精神的渐渐淡薄，企业组织和流程的僵化日趋严重，流程运作困难，效率低下，大部分企业由此走向衰落，也有极少数企业经过剧烈的业务变革，进入持续发展期，实现永续经营的追求（如苹果、格力）。

企业类型（外企、国企、民企）不同，决定该企业独特的企业文化和工作风格。国企即国有企业，是指企业全部资产归国家所有，并按《中华人民共和国企业法人登记管理条例》规定登记注册的非公司制的经济组织。政府的意志和利益决定了国有企业的行为。国有企业作为一种生产经营组织形式同时具有营利法人和公益法人的特点。其营利性体现为追求国有资产的保值和增值。其公益性体现为国有企业的设立通常是为了实现国家调节经济的目标，起着调和国民经济各个方面发展的作用。

私企或民企是由自然人投资设立或由自然人控股，以雇佣劳动为基础的营利性经济组织。包括按照《中华人民共和国公司法》《中华人民共和国合伙企业法》《中华人民共和国私营企业暂行条例》规定登记注册的私营有限责任公司、私营股份有限公司、私营合伙企业和私营独资企业。私企主要特点是，资产属于私人所有；私营企业中存在雇佣劳动关系；私营企业是营利性的经济组织，它作为一种私人投资，雇工劳动，独立进行商品经济活动，是以营利为目的的经济组织。

外企是一个总概念，包括所有含有外资成分的企业。外企又分三种，包括：企业全部资本均为外商出资和拥有的为外资企业；共同投资并按照投资比例共担风险、共负盈亏的企业为中外合资经营企业；还有外商在企业注册资本中的份额无强制性要求的又有一定注资的为中外合作经营企业。

A 类外企指的是欧美大型咨询公司及投资银行，如摩根士丹利、麦肯锡等，相信这些公司都是如雷贯耳，但是这些公司工作压力很大，你除了要有好的智能，更要有好体力。B 类外企指的是美国超大型公司，如 IBM、亚马逊、苹果、微软、通用等。C 类外企指的是欧洲超大型公司、美国大型公司，如沃尔玛、BP、西门子、PHILIPS、大众、四大会计师事务所等。D 类外企指的是日韩超大型企业，如 SAMSUNG、LG、SONY、松下、日立等。日韩企业工作压力很大，工作氛围不如前面的外企轻松。E 类外企指的是港台大型企业、欧美一般企业，这类外企工作压力大，收入一般。

我本人因为做了 12 年外企的人力资源经理，后来做了 5 年国企和民企的人力资源培训和管理咨询项目，有详细的比较，而且我的 HR 学员，民企占 75%，国企机关占 10%，外企占 15%，我还是蛮有发言权的，我讲一下自己的观点。

第一，真正的好外企，管理规范，五险一金，加班补休或者支付加班费，全部按照中国法律执行。甚至还有超出劳动法的好福利，以前我们公司就为全体员工购买了补充医疗保险。

第二，外企比较追求内在的逻辑性，非常讲求数据、分析和最后的逻辑归纳。举个例子，我的 HR 总监每年年初给下属的 HR 制定好全年的量化 KPI 考核指标，做好专业技能培训，每个季度上交三张报表给她，基本上 HR 大老板就只有到年底才见我们一面做绩效面谈，绩效考核的年度评估就和第二年的加薪升职挂钩。不用担心我们工作做得不好或者"跑偏"。

第三，西方人的思维往往比较直接，对就是对，错就是错，表扬就是表扬，批评就是批评。而且是及时、当面，员工清楚地知道自己什么地方做得好，继续坚持，什么地方做得不好，马上改正，管理层还会以身作则示范和培训下属。所以，工作效率极高，上下沟通顺畅，员工可以自由表达好建议和好想法。而东方人讲究中庸、阴阳之道，说话表面一套，背后一套。员工老要猜测，今天领导为什么对我说这句话？这句话背后的含义是什么？工作本来就累了，还要猜来猜去，心累。外企，做好自己的工作就好；国企、民企还要应付派系斗争。

第四，外企的管理层和员工，相比很多国企、民企的员工，往往无论知识、技能、思维、行为方式上都会显得更专业一些。我在PHILIPS工作时，这个感触特别强烈，每天都好想上班，跟一群比自己优秀的人一起工作是一件非常开心的事情。

第五，企业类型不同，工作风格、企业文化差异很大。

对于岗位的了解是必不可少的。企业常见的部门和岗位设置要看你属于哪个行业，企业规模大小。一般来说，企业规模越小，岗位和部门设置会越简单，一般可分为生产导向型企业和销售导向型企业。

生产导向型的企业部门一般有总经办、财务部、行政部（办公室、后勤等）、人力资源部、生产部（按车间划分）、技术部、品保部、计划部、仓储部、设备部、环保部等，若涉及销售业务，还会有营销部、市场部（企划部）。

销售导向型的企业部门设置相对比较简单，一般设行政部、销售部、财务部、人力资源部、物流部、售后服务部等。职务分为总监级、经理级、主管级、专员和员工。

举个例子，国企必有的部门，如党群工作部（或者党委办公室、组织部、宣传部、纪检监察部、团委）、工会办公室、保卫部、后勤部等。再举个例子，一个大型国企集团公司的部门有办公厅、综合管理部、发展规划部、计划财务部、产业管理部（安全质量监督部）、资源管理部、纸业管理办公室、科技发展部、资金部、审计部、人力资源部、监察部、企业文化部等。

第三节 第三步：探索自我——职业兴趣、职业价值观、性格、能力、天赋

一、探索职业兴趣，找到自己真正的职业偏好

兴趣是吸引我们特别重视外在世界中某些特殊的力量。做自己有兴趣做的事是最重要的，只有这样，才能全心全意地长期投入其中，不仅无怨无悔，而且乐在其中。

我们的职业成为我们身份的一部分，或好或坏、或多或少地揭示着我们存在的样子。当选择了一个工作之后，它就占据了我们生活中大部分的时间，就更不用说为它做准备的时间了。从更广泛的意义上来说，工作包括工作的意义和收入，它决定了我们生活的质量，我们在哪里生活，有什么样的朋友，有怎样的机遇，都受到工作的影响。

在选择一份工作的时候，经常会有人说"我对这个工作感兴趣"，在离开一个工作的时候，他们同样会说"我对这份工作不感兴趣"。到底什么是兴趣呢？兴趣又是如何影响我们的职业选择的呢？

兴趣一般是指任何能唤起你的注意、好奇心或者投入的事物，它是内在的，可以使你趋向于某些事物而放弃其他事物的东西。职业兴趣是指在职业上什么能引起你的注意，并愿意投入去做该事情。

兴趣是重要的心理特征之一，是一个人力求认识某种事物或从事某种活动的心理倾向，表现为对某种事物、某项活动的选择性态度和积极的情绪反应。兴趣是人格的一个方面，它具有稳定、持久的特征。而职业兴趣，事实上就是一个人力求了解某种职业或进行某种职业活动的心理倾向。

第三章 落地工具——职业生涯规划五步曲

兴趣是职业生涯选择的重要依据。这是因为，兴趣可以使人集中精力去获得自己喜欢的职业知识，启迪智慧并创造性地开展工作。当一个人对某种职业发生兴趣时，他就能发挥整个身心和积极性，就能积极地感知和关注该职业知识、动态，并积极思考，大胆探索；就能情绪高涨，想象丰富；就能增强记忆效果，增强克服困难的意志。反之，很难在该职业上发挥个人的优势，做出巨大贡献。

兴趣和能力的合理结合会大大提高工作效率。许多研究已经表明，如果一个人从事自己感兴趣的职业，则能发挥全部才能的80%—90%，而且长时间保持高效率而不感到疲劳；而对所从事工作没有兴趣，只能发挥全部才能的20%—30%。兴趣是保证职业稳定、职场成功的重要因素。兴趣是工作动力的主要源泉之一。因此，只有将能力和兴趣结合起来考虑，才更有可能规划好职业生涯，取得成功。

每个人在不同的环境里成长，造就了不同的适应发展的领域。那么这些领域是什么？该从哪些领域开始发展？这就是探索兴趣时必须厘清的问题。比如我感兴趣的职业有培训师、咨询师、领队、制片人，以及火锅店、客栈、咖啡厅的老板；我有点感兴趣的职业有大学老师、高中老师、电台或电视台主播；我完全不感兴趣的职业是会计或出纳、医生或护士、政府官员等。

有的人是"吃货"，吃着吃着，变成了美食评论家；有的人是"麦霸"，唱着唱着，就成了歌手，可以靠晚上在酒吧驻唱养活自己，爱好变成了职业；有的人是"背包客"，旅行多了成了专业人士，做领队、开客栈或者做自媒体，他们把自己最初的"感官兴趣"，经过学习、研究、实践，变成了职业兴趣。因为职业需要大量的知识与技能。

那么，有什么工具可以帮助我们找到自己的职业兴趣呢？兴趣量表这一类型的测评可以帮助回答："我到底想要干什么？""我到这里来到底是为了什么？"这一类问题。兴趣和能力是两个截然不同的概念，兴趣更多的是强调个体的喜爱、偏好程度。通过这些测评，可以帮助那些在不同工作之间不断选择的人找到自己真正的职业偏好。

自从1912年美国心理学家爱德华·李·桑代克（Edward Lee Thorndike）对兴趣和能力的关系研究开始，兴趣对职业的影响就越来越受到关注。美国在20世纪20年代的职业辅导活动中，就开始使用兴趣和能力对青少年的求职活动进行帮助，至1927年美国心理学家斯特朗（E. K. Strong）职业兴趣量表诞生，标志着兴趣测评的开始。1959年，美国约翰霍普金斯大学心理学教授约翰·霍兰德（John Holland）在长期职业指导和咨询实践基础上，提出了霍兰德职业兴趣理论，该理论最终成为职业兴趣最经典的理论，一直沿用至今。

美国心理学会在1995年颁发给霍兰德的杰出贡献奖的颂词中说："霍兰德的生涯理论提供了一个智性的工具，统整了我们对职业意图、职业兴趣、人格与工作史的知识。他在职业心理学的杰出贡献，使得职业心理学迈出了重要的一大步。"

霍兰德认为，个人职业兴趣特性与职业之间应有一种内在的对应关系。根据兴趣的不同，人格可分为研究型（I）、艺术型（A）、社会型（S）、企业型（E）、传统型（C）、现实型（R）这6个维度，每个人的性格都是这6个维度的不同程度组合。事实上，只要你做一两个职业类的测评，就会遇到霍兰德的身影。霍兰德职业兴趣理论是全球运用最广泛的职业测评工具之一，得到了美国劳工部的大力推行。美国劳工部举全国之力对现在职场所有的2万多个职业进行了霍兰德分析，给出了每个职业确定的霍兰德编码，便于大众进行查询。了解和确定自己的霍兰德职业代码，在查询职业资料时，具有极大的便利性。根据测评工具得到的结果，当事人很快就可以查到相对应的职业信息，找出对应的职业。

霍兰德测评在全球范围内广泛运用于：中学生（初中、高中）、大学生选择专业和方向；在对职业的满意度方面，该测评可以区分是工作内容不满意还是环境不适合；在确定职业方向上，对职业方向不清晰的，通过测评获得自己的霍兰德代码，查找最适配职业群；寻找最理想的工作；了解意向性

第三章 落地工具——职业生涯规划五步曲

职业，避免盲目跳槽或转换……

霍兰德理论基础由四个部分组成：其一，大多数人的人格特质可以归纳为6种类型，即实用型、研究型、艺术型、社会型、管理型和常规型；其二，工作环境也有6种类型，其名称及性质与人格类型的分类一致；其三，人们都尽量寻找那些能运用自己的技术，体现自己的价值和能令自己愉快的职业，例如一个现实型的人会尽力去寻找现实型的职业，其他几种类型匹配亦然；其四，一个人的行为表现是职业环境和人格类型相互作用的结果。如果知道自己的人格类型和职业类型，我们就可以预测自己的职业选择、工作变换、职业成就、个人竞争和教育及社会行为。

关于霍兰德代码，目前还没有做出中文匹配的岗位，专家们还在研究阶段。霍兰德代码是人格倾向，不是胜任能力，代码会因为人的成长提升而改变。因此需要注意的是，别让选择代替努力，因为选对代码只代表你参加对了比赛。但我们知道自己是什么代码后，多一个职业兴趣的探索工具。因此，我还是建议大家做一下测评，然后把你感兴趣的事情罗列之后，分析下你为什么对它感兴趣。

比如你喜欢打篮球，是因为可以用手灵活的处理事务、与他人合作共同工作、对不断变化的环境的瞬间反应、不用很多的语言沟通，等等。

每一个兴趣都可以带来很多的探索空间，比如看电影，可以从以下方面进行探索：什么样的题材是你喜欢的？哪些题材你很讨厌？你喜欢和不喜欢的原因是什么？一部你认为对你影响很大的电影，你是如何看待的？你是从哪些方面来评价一部电影的？

我们不仅可以探索到自己的兴趣，还可以探索到自己的价值观、思维模式，从而指导我们进行职业的选择。你适合的职业，指的就是职业对人的要求，与你所具有的职业兴趣比较吻合。因此，对于自我的职业规划，一方面是准确地了解自己的职业兴趣；另一方面还需要对可能的职业领域有一个清楚的了解。而且，这个了解的过程可能会持续地表现在当你进入或更换工作的时候。因此，它是一个贯穿生涯发展整个过程的课题。

一般来说，可以通过如下一些自然而规范的步骤去获得关于职业的有关信息：其一，直觉地感受到被某类工作所吸引；其二，逐步发展出一套自己评估某类工作是否令人满意的标准；其三，收集最新的、实际的关于各种工作的信息，看它们是否符合你直觉上所需要的，达到令你满意的标准；其四，在细致地自我评估和积极地对感兴趣职业领域的探索基础上，设定现实的和吸引人的职业目标；其五，在高度感兴趣的领域，通过有效的工作搜索来找到实际的机会。

上述这些方法，都是非常有效的。但是要使它起到应有的作用，你必须做出一些努力，要准备为这些信息的全面获得投入必要的时间。相反，如果你只知道这些方法，但是你什么都不做，那还是没有任何结果。

如果你能为了自己的未来，投入些时间和精力，那么回报是自然的。它会使你赖以为生的手段转化为自己一生的事业，这将是你的个人自豪感、快乐和对社会贡献的重要源泉。为此我提出如下建议。

第一，如果你现在还是高中生、大学在校生，那么恭喜你，你这么早就开始学习职业生涯规划课程，越早学习，越早探索出你的"职业兴趣"，就能越早找到你的"职业定位"，真好！我们过来人都好羡慕你！我、你的父母，我们这一代人都走了好多弯路。好好探索吧，毕业进入社会以后，你就能做一份真正符合你兴趣的工作，这真是一大幸事！你还年轻，有大把机会探索、试错、思考反省、再尝试、调整，找到"职业定位"。

第二，如果你现在已经毕业上班，我知道你们80%的人都会出现"职业定位"错误的问题，这是上一个阶段没有完成的生涯任务。而探索出你的"职业兴趣"将帮助你改正这些错误。

第三，找到错误问题的原因，然后采取改正措施。你存在的错误的问题很可能是企业给你的东西无法满足你真实的需求。这种情况的职场人士往往会感到不满，但是又很无奈，郁闷却无处发泄，内心也许常常会冒出一两句以下的话："这个工作毫无意义，好像就是为了让父母长辈安心而已。""这个工作做下去感觉永无出头之日！""我为什么非得在这棵树上吊死呢？这个

第三章 落地工具——职业生涯规划五步曲

工作占用我太多时间，牺牲太大，工资福利又不是那么高，受不了啊！""每天坐在这里好像都可以看见5年甚至10年后的自己是什么样，感觉好无趣啊！"

出现这种情况的原因主要有以下五个方面：原因之一，在上一个生涯决策阶段，你懒得动脑、懒得思考、懒得行动。原因之二，原先认为这个职位的各种要求回馈都比较适合你，但是当自己真正进入工作之后，才发现不是自己所想象的那种情况；或者是当初找工作时并没有找到一个十分满意的，于是先找一个过渡阶段的工作，但是由于各种原因就一直干到了现在。原因之三，缺乏职业视野，对各种行业、职业信息了解很有限，找不到自己所喜欢的职业，或者感觉喜欢的职业离自己太遥远。原因之四，缺乏足够的职业能力或者动力来支持自己进入喜欢的职业。原因之五，公司提供的收益缺乏稳定的增长，慢慢离你的期望越来越远。

如果上述五种情况长期得不到改善，那你就会对工作彻底丧失激情，得过且过，不再愿意努力，总对周围的人摆出一副苦瓜脸，在私底下还满腹牢骚，总觉得公司这点不如意、那点不够好。这种心理状态还会投射到自己生活的其他方面，让自己周围的人深深感到一股"负能量"，让人对你产生厌烦或者鄙夷，最后只能对着镜子中的自己空叹"天涯旧恨，独自凄凉人不问"，被人当成"可怜之人必有可恨之处"的典型教材。

因此，我的建议是，现在学不晚，你职场还有几十年，难道下一个十年继续一声叹息？！第一步先认真把我这本书学完，每一章练习认真思考、认真做完，找到"职业定位"，一头扎进去，做好第一步，才能打下坚实的基础！

二、探索职业价值观，锚定职业发展目标

可能你在不久的将来（下周、下月或明年）会遇到学业、职业、生活上的决策，比如，去哪个国家？考哪所大学？读哪个专业？大四就业还是继续考研？职场人想返回学校考MBA？离职想在同一行业另找一份工作还是离

139

职想在另一个新的行业寻找一份工作？不接受老板的升职，因为32岁了想生孩子？想去"北上广"一线城市还是想逃离"北上广"？创业还是找一份工作做？如此，等等。

对于个人而言，深入地了解职业锚可以帮助我们更好地进行职业生涯规划和职业决策。什么是职业锚？职业锚是指当一个人面临职业选择时，他无论如何都不肯放弃的内心最深层次的东西。这个定义说明一个人只能有一种职业锚，个人才能、动机和价值观中最高优先级的组合，其中价值观在这个组合中占了大部分因素。

价值观是指一个人对于人、事、物的看法和原则，它是我们生活中的信念、情感和动力、行为的指挥官。而职业价值观是个人追求的与工作有关的目标。它是人生价值观在职业问题上的反映，影响你职业满意度的因素以及定义你对这些因素的感觉强度。简单来说，就是你最希望你的工作给你带来什么，或者说你在一份工作中最重视的是什么。

价值观是因人而异的。由于每个人的先天条件和所处后天环境不同，人生经历也不尽相同，每个人的价值观的形成会受到不同的影响，因此，每个人都有自己的价值观和价值观体系。在同样的客观条件下，具有不同价值观和价值观体系的人，其动机模式不同，产生的行为也不同。

价值观没有任何高低贵贱、对错之分，因为价值观是高度个体化的。改变价值观的重要因素有重大个人事件、重大历史事件、年龄（生理改变）、学习、成长和经历。因此，价值观澄清需要时间和精力，是一项需要投入的任务。澄清价值观，意味着在工作和生活经验的深井里进行挖掘；意味着对多年以来我们感觉好和不好的工作环境和角色精心排序；意味着让关于工作、生活的希望和梦想浮出水面，相信它们是正确的，是可以获取的；意味着准备好按照从这种反省中获得的领悟来行动。

一个人越清楚自己的职业价值观，职业发展目标越清晰，当职业价值观发生冲突，"鱼和熊掌不可兼得"时，不同的职业价值观会产生不同的行为选择。

当你清楚了你的价值观，你就能够定义在工作中你需要什么。你拥有了选择工作和与雇主谈判的依据。因为你的工作与你的心灵深处的感受，以及对生活和职业满意的强烈信念相一致，随着时间的推移，你会得到丰厚的报酬。价值观是相对稳定的，价值观是人们思想认识的深层基础，它形成了人们的世界观和人生观。它是随着人们认知能力的发展，在环境、教育的影响下，逐步培养而成的。人们的价值观一旦形成，便是相对稳定的，具有持久性。价值观在特定的环境下又是可以改变的。由于环境的改变、经验的积累、知识的增长，人们的价值观有可能发生变化。

生涯大师舒伯将人的职业价值观分为以下 13 种类型，各类型的基本含义如下。

利他主义：总是为他人着想，把直接为大众的幸福和利益尽一份力作为自己的追求。

审美主义：能不断地追求美的东西，得到美感的享受。

智力刺激：不断进行智力开发、动脑思考、学习和探索新事物，解决新问题。

成就动机：不断创新、不断取得成就、不断得到领导和同事的赞扬或不断实现自己想要做的事。

自主独立：能够充分发挥自己的独立性和主动性，按自己的方式、想法去做，不受他人干扰。

社会地位：所从事的工作在人们的心目中有较高的社会地位，从而使自己得到他人的重视与尊敬。

权力控制：获得对他人或某事的管理权，能指挥和调遣一定范围内的人和事物。

经济报酬：获得优厚的报酬，使自己有足够的财力去获得自己想要的东西，使生活过得较为富足。

社会交往：能和各种人交往，建立比较广泛的社会联系和关系，甚至能和知名人物结识。

世界500强HR人生管理笔记

安全稳定：希望不管自己能力怎样，在工作中要有一个安稳的局面，不会因为奖金、薪资、调动工作或领导训斥等经常提心吊胆、心烦意乱。

轻松舒适：希望将工作作为一种消遣、休息或享受的形式，追求比较舒适、轻松、自由、优越的工作条件和环境。

人际关系：希望一起工作的大多数同事和领导人品好，愉快、自然地相处。

追求新意：希望工作的内容经常变换，使工作和生活显得丰富多彩，不单调枯燥。

三、探索性格，让你的工作得心应手

人格是一种稳定的，在社会中展现出来的性格特质。人格测量就是测量性格特征，比如将来询者的性格特征和具有不同教育和职业背景的人进行比较。稍微靠谱一点的人格测量工具有大五人格、MBTI、九型人格、笔迹学、绘画心理学等，相对不那么靠谱的有面相学、占星、星座、色彩人格等。

在现实日益繁多的人格测试过程中，你始终无法分辨的是你得出的结论是真实的你还是你希望的你；与此同时，越是缺乏自信的人越是热衷于各种性格测试。这两点是我的观察。据此，我的观点是人对于自我的认知应该是来自真实世界当中人际活动中得到的反馈，这才是各位完善自己的唯一途径，也是最真实、正确的途径。

如果你很想用工具测一下自己的性格，那我推荐MBTI（梅尔斯－布瑞格斯类型指标）。MBTI职业性格测试是国际最为流行的职业人格评估工具，它把荣格的理论通俗易懂地运用于人们的日常生活中，鉴别出人们的基本偏好类型。它帮助人们了解到自己的优势在哪，了解做哪一类型的工作会得心应手，不同偏好的人们是怎样相处的，分别在工作中起到什么作用。

MBTI人格共有四个维度，每个维度有两个方向，共计8个方面。分别是外向（E）和内向（I）、感觉（S）和直觉（N）、思考（T）和情感（F）、判断（J）和知觉（P）。

比如，我们与世界的相互作用是怎样的？——外向（E）和内向（I）；我们自然留意的信息类型？——感觉（S）和直觉（N）；如何作决定？——思考（T）和情感（F）；做事方式？——判断（J）和知觉（P）。

四个维度在每个人身上会有不同的比重，不同的比重会导致不同的表现，关键在于各个维度上的人均指数和相对指数的大小。每个人的性格都落足于四种维度每一种中点的这一边或那一边，我们把每种维度的两端称作"偏好"。比如，如果你落在外向的那一边，那么就可以说你具有外向的偏好；如果你落在内向的那一边，那么就可以说你具有内向的偏好。

对于职场人来说，MBTI是一个有力而便捷的测试工具。其最关键的意义在于让每个人方便了解自己与别人，促进人与人之间的坦诚沟通。了解自己的MBTI类型，能让你肯定自我，促进你跟他人的合作。应该认识到MBTI的关键意义及主要作用在于团队建设的沟通与理解，不宜本末倒置。

就性格在职业中的作用而言，我的观点是性格在职业中起的决定因素有一点，但不大。比如，HR岗位，其招聘培训员工关系模块中，偏外向，善于沟通，乐于交流，敏感，有观察力，社交欲望强，有团队合作意识，乐观天性；薪酬福利模块中，偏内向，逻辑缜密，严谨，对数字敏感，喜欢探索数据中的规律；而绩效模这个模块的工作核心其实是计划、统筹、沟通、协调、引导、分析、总结，敢于面对冲突，也讲逻辑性，个性相对强势一些最好。

四、探索能力，确定职业发展的空间和广度

职业生涯规划就是搞清楚"我想做什么""我能做什么""我该怎么做"而"我到底能做什么"决定了一个人职业发展的空间和广度。

能力是构成职业的核心要素，在职场中，能力是硬通货。能力是要提前规划、学习修炼，做好准备的，许多能力、能力倾向与技能都和兴趣具有相同的名称。区分兴趣和能力是十分重要的，兴趣表明你喜欢做某事，能力则表明你能运用技能做某事，一个表达了你的偏好，另一个则指出你胜任与否

的资格。例如：你喜欢打球，但不一定就能把球打好；你是个"吃货"，但不一定会烧菜。所以，兴趣和能力是两个截然不同而又相互独立的需要考虑的因素。

为了求职或职业转换，个人可能需要接受再培训。前提是清楚自己已经拥有的能力，清楚下一个想求职或转换的职业所需要的知识和技能是什么，才能确切知道是否需要再培训。

我们怎样才能对能力做一个详细的说明呢？很多人会说我拥有沟通能力、团队合作能力，当需要他们详细描述这些能力，并解释这些能力可以做什么时，很多人都难以回答。这样的状况主要来自我们不了解能力的本质，所以无法进行。如果简单地对能力进行描述，能力就是在什么地方、用什么方式、做什么事情。所以，能力会分成三个方面，分别是专业知识技能、自我管理技能和可迁移技能（通用技能）。

专业知识技能，一般是指那些所有需要正式教育或者培训才能获得的特别的知识和技能。其最显著的特点是他们需要有意识的培训，并通过记忆掌握特殊的词汇、程序和学科。比如，机械师要懂得汽车引擎的所有部分，知道它们是如何工作，知道如何使用修理工具等，这些都是专业知识技能；会计根据报表做出财务分析，程序员能编程；医生要学习八年相应的医学知识，例如人体构造、病征等。精通某个领域的专业知识的能力——专业知识技能，不像可迁移技能或自我管理技能那样可以迁移。

自我管理技能从静态上讲是一种个性品质，从动态方面讲，它涉及你如何在不同的环境下管理自己。改变还是保持不变、紧张还是放松、自律还是偷懒等状态，它也可以从非工作领域迁移到工作领域。简单来讲，自我管理技能是提升自我认知和增强自律能力，通过渐进的方式提升自我管理系统的能力。比如，自我管理包括自我形象管理、自我心态管理、自我心智管理、自我角色认知管理、自我激励管理、自我时间管理、自我人际管理、自我目标管理、自我情绪管理、自我学习管理、自我行为管理、自我习惯管理等。

可迁移技能简单点说就是通用技能，这种技能的特征是它可以从生活中

的方方面面，特别是工作之外得到发展，却可以被迁移运用到工作之中。比如你很小的时候就能说服父母拿到压岁钱、在高中的时候拿了辩论赛的大奖、在大学的时能够为你所在的学生社团募集资金，这里面，"说服"就是一项非常重要的通用技能。说服也许对你来说非常自然，但是它能让你与其他人区分开来，并且对你的工作而言是一笔财富。可迁移能力是人的才能，以智商、情商、应激为基础成长的。智商是认知和解决问题的能力，比如观察力、记忆力、想象力、判断力、系统化思维、分析问题和学习的能力。情商是自我认知、情绪控制、自我激励、感知他人情绪、人际交往能力综合组成的。应激是面对挫折，摆脱困境的反应能力。可迁移能力能够成长多少，是由一个人的性格与个性决定的，是从人出生以来，生活中所经历的一切的总和决定的。

　　下面举个例子帮你理解上述能力的三个方面。

　　医生要成功地给病人做手术，需要这样的能力：一是专业知识性技能，包括相应的医学知识，如人体构造、病征等，这是可以通过学习培训获得的。二是可迁移技能，即能够熟练地使用手术刀，熟练运用"手"的技能。如平时勤于练习书法，也会对使用手术刀有所帮助，我们可以看到熟练运用手可以体现在不同的方面。三是自我管理技能，即医生能够与助手紧密合作，以及和病人进行良好的沟通。这会涉及医生的个人特质，而且是不容易培训的。这些技能像可迁移技能一样，可以从非工作生活领域迁移到工作领域。它们对于在工作中取得成就是不可或缺的，以至患者们对它们的重视程度往往超过其他的所有技能。

　　自我管理技能是最难以培养的，但它是对成功而言又是不可或缺。相对来说，知识性技能更容易获得，而且是不论具有怎样的自我管理技能都可能获得相同的知识性技能，相反则不然。专业知识能力是树干树叶，可迁移能力是树根，树根越深越能够为整棵树吸取到营养，树才能越长越高。根系越发达，被迁移、更换土壤以后也能快速成长。无论你的需求和工作环境有什么样的变化，专业知识技能的运用都是在可迁移技能基础之上的。但是，我们往往夸大了专业知识技能的重要性。在你的职业生涯规划中，当需要勾画出你最核心技能的时候，"可迁移能力"也是需要被最先和最详细叙述的。因为它是你最能持续应用和最能够依靠的技能。

随着科技的创新，传统的工作在发生迅速变化，"会学习"其实比拿到某个专业的硕士学位更为重要。未来的工作人员需要不断适应新出现的工作挑战，而那些可迁移技能是这些所有技能当中最稳定的要素，只有在这个基础上，那些专业知识技能才能够得以学习和应用。

所以，打开你职业生涯的第一步就是识别出你所拥有的可迁移技能。这个识别的过程有两个步骤必须要做：第一，识别哪些是你做得最好的；第二，从这里找到哪些是你使用最愉快的。这样做可以帮你区分开哪些技能是你在工作中最愿意强调的，哪些是你需要避免或者试图最小化的。

你需要把你的技能识别结果和其他自我评估结果进行整合，来明确你的职业目标。如果你决心想要进入某个职业，你必须先掌握那些必要的技能。对于技能的学习、提升和保持也非常重要，因为它们可以使你对工作保持投入并充满热情，所以明确哪些技能是你真正希望在职业中使用的是件重要的事。

这些技能只有在使用它们的时候才可能发挥出价值，而且是越用越熟练、越用越厉害。在这里我给你的建议是：确认自己已经掌握的有哪些技能；确认哪些技能在劳动力市场上有价值；确认你心仪的下一个岗位所需要的全部技能有哪些；学习这些技能的方法、途径和渠道有哪些；展现运用这些技能的方式有哪些；发展和提升已经掌握的技能，并学习和掌握新的不会的技能，持续性的学习过程。

为此，我给你的建议是找到你的优势（核心区），这些技能是你喜欢使用而且能力很高，你就要聚焦、精进它们，多多使用它们，让这些能力越来越强，并向外界展现出你的高能力。比如，我喜欢演讲、授课，我就多讲，越讲越好。

同时，每个人要找到自己的潜能（提升区），选定这些能力，虽然现在

还不够强,但你喜欢它们,你乐意投入时间和金钱去刻意学习、持续学习,总有一天,这个能力会越来越强,变成你的优势。比如,我喜欢写作,但写作水平不高,我买了好多写作的书和课程学习,也在坚持写公众号里的文章,我练习写作一两年,相信自己的写作能力会提升。

有一些能力是你不喜欢使用的,而且也不容易学会。比如,我的数学能力好差,我就授权出去;又如,我自己公司的财务工作,我外包给外面专业的财务公司,我采用"躲避、授权"的策略,我不想花时间补我的"短板"。我可以不找用到数学的工作,或者外包出去,而把时间和精力都放在我的强项上。

五、探索天赋,可以事半功倍、助力协作、更加自信

天赋就是天分,是成长之前就已经具备的成长特性。在某些事物或领域具备天生擅长的能力或者天生执念(极大的、过度的热情),也可能都有,而使其可以在同样经验甚至没有经验的情况下,以高于其他人的速度成长起来。你周围一定有这样的同学或者同事,起步比你慢,发展却比你好。天赋具有独一性和特殊性,不过你要有信心,每个人都是有天赋的,你也有。

清楚知道自己的天赋在哪有很多好处:第一,自己做事情的时候,可以发挥自己的"天赋",收到事半功倍的效果;第二,团队协作中,能找到更适合自己的位置为组织出力;第三,更加自信,知道能够通过哪些地方获得成就感,从而保持良好的心态。

在这里我们有必要探讨一下"天赋"和"勤奋"的关系。

任何人埋头于一个行业,不管是否有天赋,都会有所成就,但天赋决定了成就的上限。如果只是安心于一个中等偏上的水平,那么随便怎样都OK,只要勤奋就可以。但如果想更好,那还请遵从自己的天赋,别辜负自己的勤奋。努力这件事,其实也不是你想努力就能努力的,一个人能够有多努力,很大程度上取决于"自控力"。遗传学研究表明,"自控力"的遗传度大概是40%—50%。所以说,请把自己的勤奋用在自己的天赋上。换句话说,你到

世界500强HR人生管理笔记

底能多努力，可能有一半是先天决定的。

如何发现你的天赋？美国商业畅销书《现在，发现你的优势》（Now,Discover Your Strengths）中谈到了天赋的三个线索，也许可以启发你看到自己的天赋在哪里。第一，是否长久以来你内心一直渴望做某些事情？即使还没有机会付诸实践，这些冲动也一直在你心中。第二，是否你对某些事情一学就会，得心应手，还不时地有好点子"蹦"出来？第三，是否你做某些事情的时候特别满足，做事情本身就让你感到特别快乐呢？这三个问题答案的交集即是你的天赋所在。

练习十三：我的幸运——探索天赋和品质

这项练习会帮我们塑造成功所需要的自尊、自我效能和自信，它告诉我们如何使用我们的天赋优势以及品质来实现我们的人生梦想清单。当我们感到沮丧时，它可以调节我们的情绪，还能帮助我们回忆过去的欢乐和成就，它们被称为"积极的回忆"，并在我们回忆这些幸运时，使我们发出感激之情。

感激是与快乐关系最密切的性格特征之一，只要你继续定期地留心练习它，那么这个简单的练习就可以提高快乐的程度。当你开始统计你的幸运，以及这些幸运发生在工作和生活中的原因时，你就会发现，许多你感谢的事物，都是由于你为了培养和激起积极的、有益的关系和活动而付出了精力和努力。有句谚语叫"一分耕耘，一分收获"，就如以往一样也适用于今天，因为它能为你的生活创造更多的喜悦。

每天试着想想，你能将你的天赋、优势及品质运用于你的问题和目标的方法上。

每天晚上睡觉之前，冥想10分钟，问问你自己，今天有哪3件事让你感到幸福和心存感激，它们为什么对你来说很特别。真诚、持续地做这个练习，一直到你养成这个习惯，你会发现你工作和生活的方式以及选择注意和关注的事情都会有所改变，如果3件事太少的话，也可以力争想出尽可能多

第三章 落地工具——职业生涯规划五步曲

的事情。

"幸运"是指我感激的大事、小事。"成就"是指我今天完成了的或以前完成了的大事和小事。比如,我的幸运和成就,它为什么会发生在我身上?这件事体现了哪些积极的天赋、优势和品质?"积极的天赋、优势和品质"是指我擅长的,以及别人喜欢我的大事、小事,优势是指可以包括积极的性格品质,如善良、诚实、工作勤奋或有幽默感。

练习十四:撰写你的十大成就故事,梳理你的特质、品质和可迁移技能

第一步:撰写十大成就故事。

回忆一下自己从小到大取得的成就,也就是那些自己做过的或自认为比较成功或者感觉还不错的事情。这些事情包括工作上的、学业上的,还可以是课外活动、家庭生活中发生的,成就也不一定都是惊天动地的大事,它也可能只是一次"悄无声息的胜利",比如策划了一次同学聚会、修理好了某个电器、及时帮助了他人等,只要它们符合以下两个标准,就可以视为"成就"。一是你喜欢做这件事时体验到的感受;二是你为完成它所获得的结果感到自豪。如果同时你还获得了他人的认可和表扬,那就更好了,不过这并不重要。

在撰写成就故事时,每个故事都应当包含以下因素:你想达到的目标,即需要完成的事情;面临的障碍、限制、困难;你的具体行动步骤,即你是如何一步步克服障碍、达成目标的;对结果的描述,即你取得了什么成就,对结果的量化评估,最好列出 10 个有成就感的具体事件。

第二步:分析、总结。

上面列出的 10 个有成就感的具体事件,看看你在具体事件中体现了什么特质、品质,使用了哪些技能(尤其是可迁移的技能)。看一看你在这 10 个故事中是否有重复出现的技能,它们就是你喜爱施展也擅长的技能。将这些技能合并同类项后,按你擅长的优先顺序加以排列,写下来。

这里附一个例子，也就是通过10个有成就感的具体事件启发你：

● 通过十大成就故事，你提炼出的自己身上的优秀品质是什么？（或者说你爱自己什么？）

● 通过十大成就故事，你提炼出的自己身上已经具备的能力有哪些？

● 毕业后参加过哪些学习、进修和培训课程？通过上述学习和培训，你学到的技能有哪些？

● 这些年工作经验实操锻炼的能力有哪些？

● 从日常生活中积累和锻炼的能力有哪些？

● 从人际关系交往中积累和锻炼的能力有哪些？

● 以上总结的所有能力，重新排个序：一是优势，此能力既非常熟练又非常喜欢，非常愿意使用；二是潜能，此能力虽然勉强胜任或者不胜任，但又非常喜欢，非常愿意使用；三是盲区，此能力既不能胜任也不喜欢，不愿意使用。

● 至今为止，你的工作是否提供了机会让你去使用你最擅长并且喜欢使用的技能？

● 哪些是你愿意在将来的职业生涯中去强化学习实操的技能？

● 通过这个练习你的感受是什么？有什么新的认识和下一步计划？

来看一个具体的如何分析提炼成就事件的例子——来自于一名老学员写的故事：

这学期作为师范生的必要培训内容之一，我们的教学技能培训课要求我们在学期当中必须自选题目，并用PPT进行一次演示讲解。在此之前，我没有学过如何制作PPT。我请同宿舍的一位同学用了大约20分钟的时间教我PPT软件的基本使用方法，我自己又在学校的电脑机房琢磨了一下，并向机房的管理人员请教了几个不明白的问题，选定了我要讲的题目以后，我上网搜索了相关的资料和图片，然后制作了一个10分钟课程的辅助教学PPT。在课堂讲解演示中，由于我制作的PPT图片精美，文字和内容搭配得益，我获得了95分，并得到了老师和同学的赞赏。

这个故事背后体现的品质和能力有面对新情况，表现出灵活和很强的适应能力，敢于迎接挑战、快速学习、善于利用人际资源、清晰的沟通、积极主动、搜索信息，图片文字的处理编辑、耐心、关注细节、克服压力。

练习十五：能力提升计划

计划人：　　　　　　　　　日期：　　　年　　月　　日

1. 专业知识技能的提升，学什么？怎么学？

_____

2. 自我管理技能的提升，学什么？怎么学？

_____

3. 可迁移技能（通用技能）的提升，已经会什么？什么还不会？学什么？怎么学？下一步的学习计划是什么？

_____

第四节　第四步：你的职业决策和职业定位

一、决策的原则：自己作决定

"决策"一词最早见于《韩非子·孤愤》："智者决策於愚人，贤士程行於不肖，则贤智之士羞而人主之论悖矣。""决"就是断定，决定，"策"就是计谋、主意、办法。决策就是对未来行动确定目标，从两个或者两个以上可行方案中选取一个满意方案的分析决断过程，是一个提出问题、分析问题、解决问题的系统分析过程。也就是说，决策是决策者经过各种考虑和比较之后，对应当做什么和应当怎么做所做的决定。

事实上，无论你的学识、专长、经验以及背景如何，都面临着目标设定和决策制定的问题。有些事情是容易做决定的，比如看什么电影或者如何度过周末。不过，对于那些对我们工作、生活、职业、人生有重大影响的事情，做决定就困难了，因为你会担心如果做出错误决定结局就不会那么圆满。

如果对人们做出的决策结果进行分析，你就会发现人们的决策成功率往往并不乐观。比如，人们就常常对自己的职业选择感到后悔，美国律师协会的一项调查显示，44%的律师建议年轻人不要从事法律方面的职业。那些呼喊着逃离"北上广深"的人们中，有一些人在夜色中又悄悄地回到了北京。好多时候，人们明白该做出决定或制订计划了，却一直迟迟不做。

成年之后，任何人都不能帮你做决定，任何决策都会受到个人价值观、信念、格局、视野、兴趣、能力和动机的限制，任何决策都是承前启后的。一个人会感到需要改变，这是内在的需要，或者环境也会使你产生这种需要。决策过程的效率就在于自我觉察水平的高低。因此，"我不能替你决定，你必须自己来"，这是我对你说的话，也是决策的原则。

做生涯决策，需要兼顾个人的价值观、能力、兴趣，以及许多外在的社会机遇与变数，不同的人面对相同的决定时刻，会选择不同的生涯方向，这里生涯决策的方法也起了很大的作用。职业生涯规划的目的不只是帮助你找到一个职业或生涯的方向，而是希望通过手段和方法的学习，能够让你在未来的人生旅途中，克服难题，自信地迈步在人生发展之路。

二、决策能力工具：清单、套路

做决策之前需要培养的能力是分析问题和解决问题的能力。针对这两个能力，这里给大家两个工具，一是问题澄清清单，二是解决问题的套路。下面我们具体来看看。

工具一：问题澄清清单。

列出问题澄清清单的目的是需要在解决问题之前先澄清问题，找到需要

解决的真正问题，这个过程需要遵循以下六个步骤。

步骤一：澄清需求。比如，我是否清楚该问题或任务的背景、目的、关键利益方、可用资源、时间要求？

步骤二：挖掘诉求。比如，对方为什么会提这样的问题？他的真正诉求是什么？这个诉求还可以通过什么方式实现？我可以怎么帮助他实现？

步骤三：找准问题。这个问题解决了，事情就会顺利进行吗？我解决的只是表象问题还是真正成因？

步骤四：确定关键。这个问题现在是否必须被解决？是否有其他更加重要的问题需要我去花时间解决。

步骤五：确定可行。这个问题现在是否可以被解决？我解决这个问题大概需要多久？这个时间是否可以被接受？

步骤六：正确思考。这个问题我思量了多久？有没有进展？继续如此，是否有可能找到答案？

工具二：解决问题的套路。

解决问题的套路需要遵循以下五个步骤。

步骤一：澄清问题。需要澄清期望和现状之间的差距，从而发现问题所在。

步骤二：分析问题。用分析框架，将大问题分解为小问题。

步骤三：提出假设。在所有可能的原因中，假设最有可能的一个或几个。

步骤四：验证假设。通过数据、事实等方式，对此前的假设进行验证，找出真正的原因。

步骤五：确定解决方案。根据找到的原因，提出并筛选、确定最终的解决方案。

举个例子，来看看特斯拉创始人埃隆·马斯克（Elon Musk）当初是怎么做出要做电动汽车这个决定的。这就是一个经典的决策案例。

首先，埃隆·马斯克进行这样的思考：电动汽车之所以很难普及，很大程度上是成本太高，而成本中最大的一块是汽车电池。汽车电池不过就是一堆钴、镍、铝等金属，为什么这么贵呢？于是，他查询了这些金属的市场价格，发现这些金属市场并不存在垄断。而后他得出这么一个结论：长期来说，汽车电池的价格更多的是拼技术，只要能通过技术降低电池成本，电动汽车就具备和汽油汽车竞争的能力，而在技术上他非常有信心。

埃隆·马斯克通过一系列逻辑推演，不断深入问题本质，基于已有决策条件推断出这个思路是可行的，并最终决定做电动汽车。

完美的决策为什么不可能？这是因为，决策者不可能对各种方案及其执行结果无所不知；决策者不可能有无限的预测能力；决策受时间限制。所以，决策的目标是整体化最优。

生涯决策是人生发展中一个重要的策略，也是一种可以学习的技巧，一般认为"生涯决策"是一个"问题解决"的过程，生涯决策是手段，职业规划的目的不只是在帮助你找到一个职业或者生涯方向，而是希望通过手段与方法的学习，能使你在人生的旅途中，克服难题，自信地漫步人生发展之路。

在职业生涯决策方面，下列7个选择堪称比较重大的职业选择：

● 选择何种行业？要不要中途转行？
● 选择哪一种岗位、工作？要不要中途换一个岗位、工作？
● 在一个有限的时间里，从数个不同的工作机会中选择其一。
● 选择工作城市，一线、二线省会城市还是回县城老家？
● 选择个人的工作风格、与什么样的企业文化类型匹配？
● 选择职业生涯目标。（未来是创业，一直做职业经理人，自由职业？）
● 选择跳槽和跳槽时机。（跳不跳，现在，明年，两年后？）

三、影响职业生涯选择的五个重要因素

影响你职业生涯选择的重要因素有以下五个。

一是财政因素。资金上的短缺，会阻碍职业生涯的决策和转变。你有

第三章 落地工具——职业生涯规划五步曲

存款吗？你的收入是家庭中唯一的经济来源吗？你是否有稳定的工资收入来源？你是否有被动的收入来源（如有出租房屋的租金）？你有负债吗？你是"月光族"吗？一个月能强制储蓄多少钱，一年呢？目前存款多少？买房了吗？我在第二章第七节讲"理财者"角色时，分享了自己的理财观，记住："钱永远不会是目标，但它是结果！"

二是改变的动机、动力，愿望的大小、高低。这10年的几百个一对一职业生涯规划咨询结果告诉我，只有20%的人做完职业生涯咨询之后，回家好好梳理了一下人生，做好人生战略目标和眼前的一年行动计划，并积极采取行动。这20%的人，在3—5年后，都十分开心地跟我讲，谢谢我当年给他们的启发。另外80%的人依旧走老路。这里列举了这些失败的个人阻碍目标达成的因素，比如消极的自我暗示、对失败的恐惧、对自我实现的预期不高、不能够自始至终坚持、犹豫不决的态度，最重要的一点，其实就是人性的本质——懒。维持现状多舒服，每天晚上窝在沙发上，抱着一堆零食刷剧当然比挑灯夜读、去健身房撸铁流汗舒服多了。

三是你的周围生活圈环境、角色与支持。个体在转变过渡时期，最需要外界的支持和帮助。支持的体系分三个部分：人的支持、经济上的支持、组织的支持。其中人的支持尤为重要，包括家人（记住：如果家人的价值观与你不同，不必盲从）、朋友、同学（找比你格局高、视野开阔的人交友、交流）。在人的支持方面，职业生涯规划师是最好的支持者。

四是个人其他条件的影响，诸如健康、负担、性别、年龄等。

健康状况对职业生涯选择的影响无疑是非常重要的，这方面毋庸赘言。负担是指对朋友和家人、对社会及对财务状况所承担的义务，成年人必定会受到各种义务的束缚，选择职业也绝不可能不考虑个人的生活状态。性别也是一个重要因素，虽然男女平等，但"性别因素"仍然在职业发展中扮演着重要的角色。至于年龄，一个人对工作的看法和态度，对机会尝试的勇气，对胜任任务的能力和经验，不同的年龄表现都有所不同。

除了健康、年龄等因素外，一个人所受到的教育程度和水平，直接影响他的职业选择方向,以及他选择喜欢的职业的概率。还有就是家庭的影响、朋友及同龄群体的影响、社会环境的影响等。

家庭的影响不可忽视。小孩所生长的环境,对他们的就业机会都大有影响。首先,教育方式的不同,造成他们认知世界的方法不同;其次,父母职业是孩子最早观察模仿的角色,孩子必然会得到父母职业技能的熏陶;最后,父母的价值观、态度、行为、人际关系等,对个人的职业选择会产生直接和间接的深刻影响。因而,我们经常看到艺术世家、医生世家、教育世家。朋友、同龄群体的影响同样不可忽视。事实上,朋友和同龄群体的工作价值观、工作态度、行为特点等,不可避免地会影响到个人对职业的偏好、选择从事某一类职业的机会和变换职业的可能性等方面。社会环境的影响也是必须考虑的。社会环境中流行的工作价值观、政治经济形势、产业结构的变动等因素,无疑都在个人职业选择上留下深深的烙印。每年的热门职业排序都对高考志愿的选择和就业选择起到很大的影响。

我希望你把我这本书当成人生的一个机遇、挑战,鼓励你从舒适区走出来,向更积极的方向转变。

五是决策类型。决策的类型也是影响你职业生涯选择的重要因素。

以下是最常见的9种决策的类型,你看看自己是否对号入座。

服从型:来询者沿用别人的计划而不是自己作决定。

安全型:来询者通常选择风险最小的方案。

冲动型:决定的过程基于冲动,决定者选择第一个遇到的方案,立即反应。而且其他的可选变化一出现,来询者就要改变。其行为特征是先做了再说,以后再想后果。

宿命型:决定者知道作决定的必要,但自己不愿做决定,把决定的权利交给命运或者别人,因为他认为作什么选择都是一样的。其行为特征是"船到桥头自然直,天塌下来还有高个子顶着",认命。

拖延型:知道问题所在,但经常迟迟不作决定,或者到最后一刻才作决定。其行为特征是"急什么,明天再说吧。"

直觉型：根据感觉而非思考来决定。只考虑自己想要的，不在乎外在的因素。其行为特征是"嗯，感觉还不错！"于是，就这么决定了。

麻痹型：害怕作决定的结果，也不愿负责任，选择麻痹自己来逃避作决定。其行为特征是"我知道该怎么做，可是我办不到。"

犹豫型：选择的项目太多，无法从中作出取舍，经常处于挣扎状态，作不了决定。其行为特征是"我绝不能轻易决定，万一选错了，那就惨了。"

计划型：作决定时会倾听自己内在的声音，也会考虑外在环境的要求，以做出适当且明确的抉择。其行为特征是"一切决定在我，我是命运的主宰，是自己的主人。"

四、"生涯决策的七步曲"与实例展示

"生涯决策的七步曲"的具体步骤是第一步定义问题，要做的决定是什么？第二步建立一个行动计划。第三步澄清价值，即什么对你来说最重要？第四步识别其他可替代的选择。第五步发现可能的结果。第六步系统地排除选项，即哪些选择不适合？哪个成功的可能性最小？第七步开始行动。

我们不妨举出最近生活中两三个决策的实例，试着归纳出这些决定的共同特征，说明自己的决定风格。在这里，我举自己运用"生涯决策的七步曲"的实际例子：

第一步定义问题，即要做的决定是什么？（创业还是继续在外企做职业经理人？）

第二步建立一个行动计划。我的行动计划是：行动一，一边工作，一边利用周末两天在外兼职讲课，检验一下自己有没有市场能力；行动二，业余时间拜访全武汉的未来同行，寻找可行的商业模式；行动三，找职业生涯规划师做咨询。

第三步澄清价值，即什么对你来说最重要？在职业价值观测评之后，我的价值观排序是认可、个人成长、影响他人、帮助他人、时间自由、工作生活平衡、独立性、有趣和幽默。

第四步识别其他可替代的选择。比如，除了自创品牌，我也可以加盟同类公司。

第五步发现可能的结果。我现在有两种结果：一是创业成功，过上我想过的生活；二是创业失败，继续凭前面10年积累的工作经验，很容易找到一份工作。

第六步系统地排除选项，即哪些选择将不适合？哪个成功的可能性最小？

第七步开始行动。我果断辞职，让自己没有退路，不要纠结，同时去注册公司。

五、做出正确决策的方法

一个好的决定是积极变化的有效基础。接下来介绍决策的方法，来帮助你更好地完成决策的过程。

方法一：听从内心的召唤。

当我们难以抉择的时候，偶尔会听到这样的建议：相信自己的直觉，或者是跟随自己的心。然而不幸的是，我们的直觉并不是每时每刻都是对的，我们内心对于自己的追求往往并不明确，但它是一个没有办法的方法。它也是一种方法，听从心的召唤，说直白些就是"拍脑袋"。

这里的"拍脑袋"并不是贬义，从学科来说可以归为"直觉决策"，它是一种潜意识的决策过程。我们生活中常常会遇到选择去哪个餐馆吃饭，哪个颜色的衣服好看。听从内心的召唤是历史和生存境遇的主流用法。在生活中，我们常常是在"自动驾驶"的状态下过日子，做日常做的事情，可能每一天，我们做出的深思熟虑的决定都是屈指可数的。但是这些重要的决定值得花些时间和精力思考，因为它会对我们的人生产生深远的影响。

做职业决策的一个好方法——5年后的你在干什么？给大家看一个故事，它是我24岁时参加的一个美国版权课"高效能人士的七个习惯"，讲到习惯之一：以终为始时，老师课程上发的一个案例，对当年的我启发非常大，7

第三章 落地工具——职业生涯规划五步曲

个习惯中对我最有用的就是这个"以终为始",受用一生。

这里再让我与你分享一段李恕权的小故事,或许在这个阶段,可以更实际地帮助你走出目前的困境。李恕权讲道:

1976年的冬天,当时我19岁,在休斯敦太空总署的太空梭实验室里工作,同时也在总署旁边的休斯敦大学主修计算机专业。纵然忙于学校、睡眠与工作之间,这几乎占据了我全部的时间,但只要有多余的一分钟,我总是会把所有的精力放在我的音乐创作上。

我知道写歌词不是我的专长,所以在这段日子里,我到处寻找一个善写歌词的搭档,与我一起合作创作。我认识了一位朋友,她的名字叫Vivian。自从20多年前离开德州(美国德克萨斯州简称德州)后,就再也没听过她的消息,但是她在我事业起步时,给了我最大的鼓励。年仅19岁的Vivian在德州的诗词比赛中不知得过多少奖牌,她的作品总是让我爱不释手,当时我们的确合作写了许多很好的作品,一直到今天,我仍然认为这些作品充满了特色与创意。

一个周末,Vivian热情地邀请我到她家的牧场烤肉。她的家庭是得州有名的"石油大亨",拥有庞大的牧场。她的家庭虽然极为富有,但她的穿着,所开的车,与她谦卑、诚恳待人的态度,更让我加倍地打心底佩服她。

Vivian知道我对音乐的执着。然而,面对那遥远的音乐界及整个美国陌生的唱片市场,我们一点头绪都没有。我处在深深的迷茫之中,手足无措。此时,我们两个人坐在德州的乡下,我们不知道下一步该如何走。突然间,她冒出一句话:"What will you be doing in 5 years(想象你5五年后在做什么)?"

我愣了一下。她转过身来,手指着我说:"嘿,告诉我,你心目中'最希望'5年后的你在做什么?你那时候的生活是一个什么样子?"我还来不及回答,她又抢着说:"别急,你先仔细想想,完全想好,确定后再说出来。"

我沉思了几分钟,开始告诉她:"第一,5年后我希望能发行一张很受欢迎的唱片，可以得到许多人的肯定。第二，我要住在一个有很多很多音乐的地方，能天天与一些世界一流的音乐师一起工作。"

Vivian 说："你确定了吗？"

我慢慢地稳稳地回答，而且拉了一个很长的音，说："Yes！——"

Vivian 接着说："好，既然你确定了，我们就把这个目标倒推回来。如果第五年，你要有一张唱片在市场上发行，那么你的第四年一定是要跟一家唱片公司签上合约，那么你的第三年一定是要有一个完整的作品，可以拿给很多很多的唱片公司听对不对？那么你的第二年，一定要有很棒的作品开始录音了；那么你的第一年，就一定要把你所有要准备录音的作品全部编曲，排练就位准备好；那么你的第六个月，就是要把那些没有完成的作品修饰好，然后让你可以逐一筛选；那么你的第一个月就是要把目前这几首曲子完工；那么你的第一个礼拜就是要先列出一整个清单，排出哪些曲子需要修改，哪些需要完工。好了，我们现在不就知道你下个星期一要做什么了吗？"

Vivian 笑了笑接着说："哦，对了，你还说你五年后，要生活在一个有很多音乐的地方，然后与许多一流乐师一起创作，对吗？"她又急忙地补充说："如果你的第五年已经在与这些人一起工作，那么你的第四年照道理应该有你自己的一个工作室或录音室。那么你的第三年，可能是先跟这个圈子里的人在一起工作。那么你的第二年，应该不是住在德州，而是已经住在纽约或是洛杉矶了。"次年（即1977年），我辞掉了令人羡慕的太空总署的工作，离开了休斯敦，搬到洛杉矶。说来也奇怪，不敢说是恰好5年，但大约可以说是第6年，1983年，我的唱片在亚洲开始畅销起来，我忙着与一些顶尖的音乐高手夜以继日地一起工作。每当我困惑的时候，我会静下来问我自己："5年后你'最希望'看到你自己在做什么？"

如果你自己都不知道这个答案的话，你又如何要求别人或上帝为你作选择或开路呢？别忘了，在生命中上帝已经把所有"选择"的权利交到我们自己的手上了。如果你经常在问"为什么会这样？""为什么会那样？"你不妨

第三章　落地工具——职业生涯规划五步曲

试着问一下自己，你曾经是否很清楚地知道你自己要的是什么？

方法二：决策标准程序。

依序问自己下面的问题，对每一个问题思考分析罗列，这是一个做决策的程序：一是定义问题，即你要做的决定是什么？二是澄清价值，即什么对你来说是最重要的？三是选择，即你有哪些选择？四是替代选择，即你有哪些替代选择？五是发现可能的结果，也就是以上各种选择的结果会怎样？六是系统地排除选项，即哪些选择不适合你的价值或特定情况？哪个成功的可能性最小？七是建立一个行动计划。八是开始行动，即你需要做什么来实现计划？

方法三：生涯决策平衡单。

平衡单，主要是将重大事件的思考方向集中到四个主题上：自我物质方面的得失；他人物质方面的得失；自我精神方面的得失；他人精神方面的得失。

其中，自己物质方面的得失包括收入情况、工作的困难程度、升职的机会及未来展望、工作环境安全或变好、休闲生活或休闲时间、生活变化、对健康的影响、就业机会、工作自由度；他人物质方面的得失包括家庭经济收入、家庭社会地位、与家人相处的时间、家庭环境、与朋友相处的时间；自己精神方面的得失包括生活方式的改变、成就感、自我实现的程度、兴趣的满足、潜能发挥或挑战性、社会声望的提高、符合自我道德标准的程度、达成长远生活目标的机会；他人精神方面的得失包括父母的认同、荣誉感、父母的担心、配偶的认同、配偶的担心、孩子的认同、师长的担心。

来找我做咨询的人一般会问我，马上要毕业了，是选择继续读研还是出来找工作？有好几家公司可以选择，各有各的优点，我该如何选择？不喜欢现在的工作，我到底是选择留下，还是果断辞职？决定换工作了，我应该选择技术方向还是管理方向？我就会让他们用"生涯决策平衡单"。

简单来说，生涯决策平衡单就是针对可选的几个方案，列出重要的多个方面并赋予权重，对于每个方面进行打分最后进行加权。这样就可以通过直观的数值来比较几个不同的方案。

其具体操作方法：首先，列出你有几个可能的选项，一般2个或3个，然后判断利益得失，当然分几个维度，自我、他人、物质、精神这4个维度就是它的得失。其次，分数就是从正5到负5，中间有一个0，这是量表，最重要的加5，最不重要的减5，0的话可有可无。当你在选项上列完表、打完分之后找重点、关键点，可以加权，就是可以乘1—5，特别重要的乘5倍，一般重要的乘1倍，看你的想法。然后计算得分，逐一计算得分，有正分，还有可能负分，然后累加就可以了。最后，总分算出来后，得分最高的就是目前阶段的最优选择。

现在，对着已经评完分的选项，你对自己的选择更清晰了吗？在此不妨问自己3个问题：第一，这个结果是不是明晰了我原先那个模糊的选择？第二，还有什么因素我认为对我很重要，还没有考虑进去？第三，这些因素的重要程度需要重新考虑吗？

你可以细细思考，或者再调整自己的决策平衡单，直到你对这3个问题已经没有疑问。

方法四：WRAP决策流程。

我们每个人并不能完美地规避自己的逻辑陷阱和主观偏见，但是我们可以通过一个更好的四阶段决策流程帮助大家免受一些已经被察觉的偏见影响。在《决断力》一书中作者就重点介绍了WRAP决策流程和四大决策误区。

WRAP决策流程：W即Widen your options，其中文意思是"拓宽选择空间"，你可以求助外部专家，比如职业生涯规划咨询师、未来你想成为的那个人、业内资深前辈等；R即Reality-test your assumptions，其中文意思是"把假设放到现实中检验"；A即Attain distance before deciding，其中文意思是"在做出决策前、留出一段时间来考虑"，强调克服短期情绪和抵触心理从而做出最恰当的选择，等10分钟甚至3天再决策；P即Prepare to be wrongs，其汉语意思是"做好出错的准备"，强调的是预演未来、预设失败，这样可以

对我们的某个决定的最坏情况及最好情况都有所预期。

分享一下我的关于"生涯决策"的体会:第一,很多时候,我们做决策的依据不是"做可能是正确的决策",而是"不做绝对不对的决策";第二,我们不会一开始就找到最行之有效的方法,而是在尝试和错误中不断摸索才有所收获。试着去做才会知道这个方法是否有效,然后才得以持续下去。

每个人并非天生明智,最初我们什么都不懂。先试着去做,如果不行再改变方案,在尝试和错误中寻求最合适的方案。这里送你两句话,一是"接受过去、现在和未来的不确定性";二是"积极地感受不确定性"。

六、确定你的职业定位

职业=行业+企业+职位,这是一个基本的逻辑。确定你的职业定位就是先找到你的职业定位,哪个是你最喜欢的?哪个是你最擅长的?哪个是你认为最有价值的?哪个是最有发展前途的?然后总结一下前面学到的,选择行业和职业。

行业、职业、企业类型都该你自己去思考:你的行业选择是什么?你的职业选择是什么?是营销、销售、市场、生产、研发、技术、客服、运营、财务、人力资源、行政、销售数据支持、售后、物流?你想选择什么类型的企业?是民企、外企、事业单位、政府部门、自由职业、创业、大公司、小公司?

这里分享一下我之所以会选 HR 作为自己经营终身职业的原因:第一,我的职业兴趣,霍兰德测评结果(SEA)包括我对自己兴趣的认知,我喜欢做和人打交道的工作,不喜欢面对物品做工作,如对着电脑做财务报表;第二,我的沟通、表达、逻辑思维、分析总结的能力还不错,有潜力,可以挖掘、培养、学习并提升。这些软技能是做 HR 工作必须具备的,也是我喜欢学习和发扬的技能;第三,我的 8 个职业价值观排序是认可、个人成长、影响他人、帮助他人、时间自由、工作生活平衡、独立性、有趣和幽默;第四,我喜欢工作有一点点小挑战,每天有一点点小变化,有一点点小刺激

（但又不想压力太大，刺激太大，比如我不喜欢做销售卖产品或者服务），不要天天一成不变，HR工作恰恰就是与老板、主管、经理、员工每天一起工作，有时斗智斗勇，这很符合我工作的"调调"；第五，相比其他一线销售、营运岗位，HR的工作压力、工作强度并不算太大，加班、出差也不算太多，做到工作和生活平衡还是很有可能的；第六，HR工作具备含金量，因为它入行不难，做精或做到管理层，综合素质要求极高。所以，我们就会保持终身学习理念，永远学习最先进、最前沿的科学管理知识，会无形中推动自己不断提升；第七，HR这份工作的可迁移技能很多，完全可以用在家庭生活中，比如我们用STAR面试技术给自己选个潜力股老公，又如用我们的培训和职业生涯规划技能为自己的孩子从小做好学业规划，以后做好职业规划和生涯规划，再如用我们HR特有的亲和力和员工沟通技巧处理好婆媳关系、家族关系等；第八，在一家规范化程度高的大公司，HR领导者的地位还是很高的，比较容易找到认可、归属感。HR做好了，对一家公司来讲，真的帮助非常大，对此我深有体会；第九，HR因为在公司的特殊性，可以非常方便旁听、参与各个部门的工作例会、项目管理，整个人的思维和格局会提高。得到大老板认可后，有机会调去子公司、分公司、其他事业部负责更重要的工作；第十，HR这个职业做5—10年，整个人的综合实力提高后，格局更大，未来想"下海"创业或者跟同事合伙创业都有机会。

第五节　第五步：目标设定、行动计划和求职规划

一、目标设定与行动计划

如果做一份关于梦想的问卷调查，可能超过一半的中国青年会毫不犹豫地脱口而出四个字：环游世界。但值得注意的是，其中大部分人说完后也就把这梦想束之高阁了，因为他们总被各种各样的理由所羁绊。而我不是，我是真的靠自己的力量实现了这个梦想，从 10 年前目标设定到如今走完了 50 个国家和地区。

旅行不仅仅是开眼界、长见识，当一个人放下手头一切，拉着行李箱进入另一个你不熟悉的大千世界时，放下的是平常日子里的无数纠结，拾起的是新的勇气和信心。也许老天本来就是这样设计我们的日子的，有时你要为了柴米油盐抛开一切，有时你要抛开柴米油盐为了更好地生活。

所谓"读万卷书不如行万里路"，出门开眼界所得到的一切是我们读书无数得不到的。时间可以挤出来，钱也不需要太多，只要肯放下一些东西，背包上路所得到的是我们在办公室或在家的烦琐日子中无法想象的。见了海，知道自己不过就是一滴水，自己的愁有多么傻；见了山，才知道自己不过一粒尘埃，自己的苦有多么渺小。旅行并不能改变人生，但是旅行中的所感所悟真的可以改变一个人的生活态度。

目标可分为长期目标、中期目标、短期目标乃至每日工作目标。那么如何设定目标呢？可以采取以下步骤。

步骤一：长期规划。

我花了一个周末的时间，去我朋友工作的旅行社，把他们去年一整年的旧杂志翻出来抱回家，加上上网搜索和分析，给自己"环游世界"这个梦想制订了一个真实的、可行的且符合"SMART原则"（S即Specific，其中文意思是"具体"；M即Measurable，其中文意思是"可度量"；A即Attainable，其中文意思是"可实现"；R即Relevant，其中文意思是"相关性"；T即Time-bound，其中文意思是"有时限"）的15年环游计划，在我50岁前实现环游60个国家的梦想。

世界上一共有220多个国家和地区，显然，去每个国家旅行是不现实的，有些国家也不适合旅行。当然，去过七大洲的数量，路线涉及国家城市的数量越多，"环游世界"的含金量自然就越高。说到底，一个人的财力和体力决定了这个"世界"有多大，也决定了环游的程度到底能有多深。

"德国77岁老人驾车环游世界：24年走215国""英国夫妇度蜜月长达2年，骑行3.2万公里环游世界""80天逛27个国家，台湾旅游达人10万台币环游世界"……经常能从新闻中看到各种各样环游世界的奇特"旅行家"，他们以不同的方式在环球旅行，也让"环游世界"成为越来越多人的梦想。不过我们探讨的是，对于一个普通人而言，怎么靠谱地实现"环游世界"的梦想呢？

世界一共有七大洲，我在网上搜索了《世界遗产名录》。通过研究这个名录，以及平时电视和杂志上看到的信息，我从220多个国家和地区中筛选了以下60个目的地国家和地区。

欧洲22个国家包括北欧的冰岛、挪威、丹麦、芬兰、瑞典；中欧的德国、瑞士、奥地利；西欧的法国、英国、爱尔兰、荷兰、摩纳哥；南欧的意大利、西班牙、希腊、梵蒂冈、葡萄牙；东欧的俄罗斯、捷克、波兰、匈牙利。

亚洲21个国家包括东亚的日本、韩国、朝鲜；东南亚的泰国、缅甸、越南、印度尼西亚、老挝、马来西亚、菲律宾、柬埔寨；南亚的印度、斯里兰卡、尼泊尔、马尔代夫、不丹；西亚的土耳其、伊朗、以色列、迪拜、约旦。

北美洲 4 个国家包括美国、加拿大、墨西哥和古巴。

南美洲 6 个国家包括巴西、秘鲁、智利、阿根廷、玻利维亚和哥伦比亚。

非洲 4 个国家包括埃及、摩洛哥、肯尼亚和南非。

大洋洲 3 个国家包括澳大利亚、新西兰和斐济。

南极洲 1 个地区,它就是南极。

然后,我把这些目的地按地理位置组合,每年选择一条路线,2—4 个国家,所需的时间是 15 天左右,公司的年假搭配 11 天法定假。时间有了,钱呢?学习提高工作技能,实现升职加薪,还有买房出租收租金,总之就是争取各种收入。如果明年我的目标是去墨西哥和古巴,大约是"十一"长假去,查询一下旅行平台,墨西哥和古巴两个国家的行程大约需要 15 天,旅行费是 3 万元。我努力工作赚钱,时间有了,钱有了,大目标分解成了小目标,一年实现一个小目标,20 年肯定能实现"环游世界"的梦想。我已经从 2009 年开始实践我的计划,去了 50 个国家和地区了。

我们普通人实现"环游世界"梦想靠谱的方法是边奋斗边享受、边赚钱边旅行,工作之余,当个"环球旅行家"。环游世界,这真不是一件容易的事,但也不是那么遥不可及。还是那句老话:只要出发,就能到达!

步骤二:设定清晰的短期目标。

在长期规划的前提下设定清晰的短期目标是最好的方式。当我们有一个很大或艰难的工作要完成时,通常把它分成较小的任务会比较容易完成。经过周全计划的目标应具备如下特征:可以构思、容易描述、可信的、现实的、可完成的、可测量的、诱人的(以便能激励我们自己)。

这里举一个大一女生 19 岁时生涯目标的例子。

她大学学的是会计专业,但她不喜欢,她希望 35 岁时做到一家世界 500 强公司的人力资源经理。为此,她采取了很多行动步骤来设定阶段性目标。

比如,她在 19—20 岁时,需要考英语四级和六级;她在 20—21 岁时,需要学习和考取国家人保部人力资源师四级证书;21 岁时,需要学习人力资源专业的实际操作的岗位实习经验；22岁时，需要大学毕业进入一家企业做人力资源工作，最好上面有一位资深的上级；28岁时，需要有人力资源岗位的5年经验；32岁时，需要有世界500强公司人力资源主管的经验。

而目前的她，需要为此上网搜索和广泛阅读有关人力资源的行业和岗位要求以及商业、管理方面的内容；这学期，需要参加更多大学校内和校外的社会实践活动，提高人际关系及沟通和表达能力；下学期，需要主动结交一些大学校外的人力资源界的前辈和导师。

事实证明，一个人所设定的生涯目标越具体明确，越有助于他拟定行动计划。因此，你所设定的阶梯性目标必须是具体明确的、可测量的、可达成的、和最终目标有关联的及有时间期限的。

再举个例子：

HR 职业成长路径是 HR 专员→主管→经理→总监→副总。这个发展路径中，人力资源专员或助理、人力资源主管、人力资源经理、人力资源总监这4个岗位是常见的岗位，一般入行从专员或助理做起，2—3年晋升到主管，3—5年晋升到经理，5—8年晋升到总监，从HR新人做到一个资深的HR总监大约为8—15年。

22岁本科毕业，修炼10年左右，从35岁起，才是做HR管理层的黄金年龄，足够专业和成熟。由此可见，HR是一个不能着急的职业，需要一点点学习、实践、总结、成长，再学习、实践、总结、成长。

一份好的行动计划犹如一张达到目的地的精确地图。行动计划要包括：清晰明确的长期目标、达到大目标的小步骤、达到目标的具体资源（人力资源、财力、时间等）、行动步骤（一份详细的时间表、一份可能遇到困难的情况列表、预期障碍的应对策略）。

为了解释上面一段话，我以我的"行动计划"为例。

首先，我的人生终极目标是实现财务自由、时间自由、心灵自由，幸福圆满地过完一生！在本书前面我讲各个工具时，给大家都公开了我做这个练习的结果，如练习"人生全局观"、练习"我的马斯洛需求层次规划"、练习"生命关注点"、练习"策划我的葬礼"、练习"人生梦想清单"。我每隔五年会给自己做一个"未来五年生活工作学习目标和计划"。每年1月1日，我会写"本年度生活工作学习目标和计划""本年度平衡论目标和计划"。然后，我还会制订"月度目标和作息时间表"和"每日工作生活学习待办事项清单"。这些就叫一份好的行动计划犹如一张达到目的地的精确地图。

二、认真思考和准备你的求职规划

求职本身就是一个系统工程，认真思考、认真准备，才能在竞争激烈的职场中找到自己理想的归宿。职业生涯规划师最重要的任务之一便是引导求职者制订求职策略，建立求职档案，帮助求职者准备求职信和简历，协助求职者准备面试从而使求职者能够成功地参加应聘面试，并获得机会。

求职过程一般包括以下几个步骤：

● 自我探索和总结（包括人生战略目标、价值观、兴趣、能力、经历、教育等）；

● 建立支持系统（包括谁能为你的求职信和简历提出修改意见，谁能帮助你准备面试，谁能为你提供一些职业信息等）；

● 建立求职档案；

● 确定空缺职位，调查研究企业；

● 将自己的条件与企业要求的条件相匹配，并提供相应的证据；

● 求职信和简历的制作；

● 面试准备；

● 面试及感谢信；

● 工作选择；

● 入职准备。

查找空缺职位的方法：

- 网络招聘平台或各媒体招聘平台；
- 熟人介绍（亲戚、朋友、老师、校友、以前的上司和同事等）；
- 职业介绍中介、猎头公司等中介机构；
- 朋友圈、社交媒体；
- 参加企业招聘会；
- 参加校园招聘会；
- 网上主动发布个人简历等待用人单位搜索；
- 向用人单位主动投简历；
- 公司官网、官微、官方公众号上公司发布的招聘信息（主动加一些你心仪的公司）；
- 参加社会活动（如培训课、俱乐部、讲座）；
- 上门自荐。

建立求职档案，有助于成功求职。建立求职档案，对求职者的求职有巨大的帮助。它还在一定程度上代表着求职者的水平和能力，也是求职者对自己的一个总结提升过程。

求职档案通常包括以下内容：

- 不同求职目标的简历、求职信；
- 推荐信及推荐人的联系方式；
- 各种证书、成绩单、证件的原件和复印件；
- 学习、实习、培训记录和报告；
- 自己的出版物、论文及发表过的文章；
- 媒体关于你的报告或采访；
- 相关学术活动和学术业绩记录资料（会议讲稿、软件演示等）；
- 相关的求职活动记录（听讲座、与职场人士的访谈记录等）；
- 相关的照片、录音、视频资料；
- 自己前期面试的总结。

第三章 落地工具——职业生涯规划五步曲

求职档案是求职者的重要文件，所以应该进行精心设计、书写这些书面资料，并将它们整理归档保存，以便面试时使用。

练习十六：我的求职规划的准备阶段任务清单

第一步是求职时间，比如"我预计在××××年××月开始执行求职或跳槽计划"。

第二步是求职方向，主要是指行业是什么？岗位是什么？

第三步是厘清求职差距。把你的"意向的岗位名称"输入"前程＆智联、北京＆上海"两个页面，分别找出10个你最心仪的公司（公司知名度越高越好，先不要考虑自己能不能胜任），把招聘简章上的"职责描述"和"任职要求"粘贴在一个Word上，然后合并同类项，做出一份此岗位的最全面的招聘广告——"职责描述"和"任职要求"。然后，结合自己的经验和能力，一一核对上表，打钩代表会做和具有此能力，打叉代表不会做和不具备这个能力。

比如，我现在已经具备的能力包括专业知识能力、实践操作能力及综合素质。我的下一阶段职业所需要的能力包括所需专业知识能力、所需实践操作能力以及所需综合素质。我目前的差距包括专业知识能力、实践操作能力及综合素质。我下一步学习的针对性的计划，包括学习方法、完成时间及如何监督。

简历是求职档案的重要组成部分。简历过关才有面试机会，所以制作简历的目的就是争取面试机会。

简历的写作技巧涉及如下诸多方面。

第一，简历的内容应该包括求职目标、姓名及联系方式、教育及培训、工作经历（时间、工作单位、部门和职位、工作职责、成果和业绩，所遇困难、解决方法和获得什么样的评价等）、提炼出来的通用能力和专业能力、个人信息（语言、办公软件、奖励、驾照、资格证书、个性特征等）。

第二，应该准备一份特别详细的简历模板，将你的全部经历和成就都罗列上去，以备有新的求职目标时，随时可以整理出 1 份 1—2 页纸质简历。也就是说，你有了这个模板，而后根据每一个不同的公司招聘广告，有针对性地修改你的简历。

第三，简历一定要耐心设计，这是你现阶段的"产品说明书"。

第四，简明扼要。用最简洁的词汇和短语介绍你的学习和工作经验。A4 纸一页就好，不要提及过多个人兴趣，如音乐、看电影之类的。

第五，招聘经理最爱看的是"工作经历、业绩、能力"部分，有针对性地修改简历时，对照着公司的招聘广告"职责描述、任职要求"去修饰你的简历，你可以指出自己具备应聘工作所需的技能，不要过于保守，也不要过于夸张。准备在面试的讨论中具体论述，让用人单位意识到你提到的技能与你表现出来的专业水平和个人技能相吻合。总之，要把握的原则是，不要夸大其词，也不要只是普通陈述。

第六，简历如果是交打印件，选用质量较好的纸张，版面要整洁，空间分布要合理。简历中一定不能有错别字，不通顺的语句要多次检查并修改。

第七，如果招聘广告中没有要求照片，你附不附照片问题不大，不过，如果你决定附照片，一定不能是生活照，特别是夸张的艺术照，干净端庄的证件照就行。

第八，注意简历的发送方式，看到招聘网站上的招聘信息后，1—2 个工作日内发送邮件，越晚 HR 打开邮件的概率越小，如果你还在职，不要用公司邮箱发简历，记得用个人邮箱发，邮件的标题取你的名字，应聘×××公司×××岗位。

第九，特别心仪的公司，可以在简历前面加一封求职信，不要太长，几句话表明求职意向，自己适合该岗位的专业技能和个性特征。动机、申请该职位的原因、联系电话，表达一下特别喜欢这个行业和贵公司，希望给一个面试机会。

第十，不要在简历和求职信上说出你的期望薪酬，一切等到面试时再

第三章 落地工具——职业生涯规划五步曲

提及。

面试是求职过程中的重要一环。面试的目的,对于用人单位来说是找到空缺职位的合适人选,对求职者来说是找到适合自己的就业单位。

面试的类型主要有一对一面试和集体面试。一对一面试通常是 HR 进行第一轮面试,过了,再到部门经理或总监,中高层的岗位会由总经理复试,之后决定录取与否。有时,为了节约双方时间,各轮的面试官也会集合在一起,一次性面试完。集体面试常见于外企、大型国企、大型民企,比如用"无领导小组""角色扮演""团队活动"等方式,考察团队合作、沟通、领导力等。

关于面试前的准备功课,首先,需要再读一下招聘广告,看一下这家公司的官网等各官方平台,企业文化、公司历史、公司特色、公司近期新闻等重点看一下。还有最重要的就是整理一下工作经历中的故事及用于证明你具备这项技能的过往事例。往积极方面想,如果你面试不成功,这并不是人生的重大失败,它不过是获得经验的一次机会。

其次,如果要事先填写应聘登记表(职位申请表),注意不要有错别字,干净整洁,和简历上的起止时间、经历不要有偏差。

再次,最好提前 15 分钟到面试地点,去一下洗手间,整理下发型、衣着,坐在等候间放松和整理思路。这时还可以观察一下这个公司的办公环境、员工们的工作氛围。如果方便的话,还可以看一下公司的内刊或公司大门的文化墙、公告栏等。

最后,进入面试房间后,微笑着问候,自我介绍,注意坐姿,挺直后背,坐椅子的前二分之一,不要抖腿,自然、放松、大方。你面试的经验越丰富,你就越能心平气和,也更自信。所以,几场失败的面试很正常,没关系,重要的是每一场面试回家后要复盘,想一想今天为什么会失败,有什么样的经验教训吗?整理一下,下一次做得再好一点。

在工作选择方面,当你拿到几家公司的工作许可时,你要做出工作选择。这时,你最应该关注的就是你的价值观体系和公司的价值观体系、公司的企业文化是否相符？所以你应该设法了解这方面的信息。如果公司的价值观体系和你自己的价值观体系不相符，你在这样一个信念冲突的价值观体系内开展工作和得到晋升都是非常困难的，同时你也很难得到工作上的快乐。如果你们价值观体系相符，说明你很适合这个职位。

入职前需要充分准备。如果你是大学毕业生，第一次走向工作岗位，你可以在网上多查找学习资料，买书、参加职前培训（线上线下）都可以，学习时间管理、职场礼仪、职场人际关系等。建议你再学一下 2018 年的《劳动合同法》《劳动合同法实施条例》，学会保护自己，争取应当的权益。在业余时间，做一个你这个"专业"的学习提高计划。大学里面学的东西和现实是脱节的，而且太理论，有时并不实用，此时的你，应该勤奋好学一点。

如果你是一个有几年工作经验的人，在两个工作之间的空隙时间，建议你给自己放一个小假，可以出门旅行一趟，放松心情，在大山、大海面前，重新思考下人生，规划一下未来 3 年、5 年、10 年的发展方向。或者出门去上一个专业或者管理技能或者纯兴趣爱好提升的线下课程，多结交一些正能量、比你优秀的人。然后，充满斗志地开始另一段职场生涯。

三、在工作中发展和提升职业技能

工作可以助力职业发展和提升职业技能。在这方面，我是这样做的：

● 不怕困难，努力解决工作上的难题，每一个难题的解决就是能力大增之时，记得反思和复盘；

● 找机会在企业内部轮岗，获得不同的职责体验；

● 多承担领导布置的工作任务，不怕苦不怕累，能力学到自己身上，谁都拿不走；

● 参加项目小组，参加不同职能领域员工组成的项目小组，提高团队合作、沟通、协调、组织等能力；

● 与公司内外行业内的上级管理、资深专家沟通交流；

● 跟随前辈，观察公司内前辈的工作，并学习他的职责任务、领导风格、行为习惯；

- 演讲，多找机会上台讲话，做演讲、做主持；
- 寻求反馈，询问及聆听同事、上级、上上级描述自己的强项和需要改进的地方；
- 广泛阅读，保持自己在本领域内知识、技能上的持续提升。输入后，输出，发表自己的观点和看法，慢慢形成体系；
- 多参加外部行业大会，结交达人，不要只将眼界限在公司，要着眼北上广深这些一线城市，甚至是国外，多找信息、资料学习；
- 很多资料在网上都是可以找到的，只是看你具备不具备足够的信息收集和处理能力，而这个收集和处理信息的过程，也能极大地提升你的职业能力。

在模仿中成长，在创新中成功。其实在真正的工作中，大多数的工作都可模仿、重复，强调的是工作效率，而不是创新。所以，先会做，再思考如何高效率地做就行了。

我所理解的"学习"，指的是学而习，习成"习惯"即可。光学不习，还是书上的和别人的知识，只有你反复练习，经过量变才有质变，当你形成条件反射时，你就真正掌握这个东西了。

第四章
人生智慧——常见生涯规划困惑

本章的内容是线下10年找我做一对一职业生涯规划咨询的800个案例中最常见的迷茫和困惑的案例。在这一章中,我对这些迷茫和困惑的案例做一个汇总和统一答疑,相信会对读者朋友有所启发。

世界500强HR人生管理笔记

第一节 青少年的职业生涯规划

一、教育的真正终点

每个孩子都是家庭关注的重点，父母对孩子的期望也各不一样。但是，从职业生涯规划师的角度讨论孩子的教育问题，有一个共同点就是所有孩子不论学习时间长短、学历高低，最终都要进入职场，选择一个行业一个职能岗位，开始自己独立的工作和生活。所以，教育的真正终点是让孩子有能力过上想要的生活。

我也是家长，同时也是一名专业的职业生涯咨询师，我建议家长们从只关心孩子今天的作业写没写、周末去哪家上培优、期中的考试成绩中抬抬头，看看远方，将重心转为关注对终点更有益的教育。20多年投入的时间、心血、金钱和培养，是为了什么？家长应该有一个正确、清晰的思路。只有家长认知清晰了，才能培养孩子"有能力过想要的生活"。

职业生涯规划需要展望未来，同时也指向于当下，出发点是激发每一个孩子向上、前进的斗志，努力使孩子在学习、奋斗与追求的过程中"卓越化"，从而不断超越眼前、超越自己，获得更大的进步、更好的发展。

我非常赞同日本文科省对中学生职业生涯教育的定义，用这个定义表达一下观点：中学生职业生涯教育，重在"培养个人基础能力和基本态度，促进个人职业发展，实现个人工作独立和生活独立的教育"。

中学基础教育阶段的职业生涯教育主要着眼于培养学生的以下能力。

建立人际关系的能力：尊重他人，了解自我，懂得发挥自己的个性特

长,与形形色色的人进行良好交流,具备团队合作意识。

灵活运用信息的能力:理解学习和工作的多样性和社会性,能够灵活地运用广泛的信息来开拓自己的未来,设计自己的人生。

规划未来的能力:怀揣梦想,乐观向上,能够基于现实规划自己的未来。

独立决策能力:能够在自己的意志和责任范围内做出最优选择,同时能够积极地面对和化解决策过程中遇到的困难和冲突。

在新高考政策全面落地的背景下,中学教育面临着更大的挑战。新的选科目模式让学生必须尽快做出对未来职业方向的选择,但很多准考生对此一片茫然,家长也迷茫。我们的教育体系最缺的这门课就是应该教孩子跟自己对话,了解自己、接纳自己、发展自己,进而做出准确的职业规划。这个过程应有个起点,且越早越好。

目前我的许多职业生涯规划师同行都已经开始在这个领域开展研究,成果丰硕。我本人也在最近3年接到一些小学生、中学生和高中生家长找我做学业规划的咨询,我分享几个案例给大家。

案例一:

孩子在公立学校读小学四年级,父母是企业高管,每天孩子的作业到晚上10点还写不完,家长萌发了把孩子送去国际学校的想法。

这两年经常有一些家长问我要不要送孩子去读国际学校,媒体上也有非常多涉及孩子教育问题的案例和文章,我把自己的思考分享给你们,仅供参考。

我以前是外企的招聘经理,后来也一直坚持每年都去大学给大学生们开讲座,去"985"或去"211"大学,很差的大学、大专也去,这些非重点大学校园的硬件设施明显比重点大学差,有一些大学的教室和礼堂破败不堪。"985"或"211"的大学不光学校硬件好,里面的大学生普遍有礼貌、爱学习和有上进心,去得越多,感触越深。我不想让我的孩子在青春最美好的4年在这样的非重点大学度过,我希望她享受更好的硬件学习条件、生活环境,希望她的老师都很博学,她的同学都积极上进,学习和成长的环境都很重要。

可我的孩子就是个普通的孩子,考不上北大、清华这类的大学,最重要的是我是"70后",我亲身经历了小学、初中、高中、大学填鸭式的教育模式,我不想我的下一代从小到大只知道读书考试。我做招聘经理时,虽然也看学历,但我更看重这个人成长经历中有没有体现出未来更能适应职场的潜能,比如一个从长沙骑自行车34天到拉萨的大二男同学,就比另一个"985"大学成绩都是95分的同学更优先录取。

所以,在我的孩子上完小学五年级,从小学六年级起我就把她转到了我们城市的一所私立学校,定下了去加拿大留学的大方向。女儿从小到大,我都没有辅导过作业,也不给她报培优班(钱省下来出国留学用),也从不陪她做作业(我的时间用在创业、工作赚钱和实现我自己的人生梦想上)。她成绩一直在65—84分,我也不关心她的成绩排名。她六年级就住校了,和同学们住在寝室,学习与人相处,自己照顾自己,我关心她过得开不开心,我关心她在学校是不是合群,我希望我辛苦一点,多努力工作赚钱,供她到国外去留学,有几年在国外生活和学习的经历,这种人生经历是我送她的成长礼物。

她比她的同龄同学过得要幸福,我会鼓励她好好学习,提高成绩,这样能考上加拿大好一点的学校。好学校,环境美,同学老师都很优秀,4年都会过得开心快乐。

中国人口太多,没有高考也不现实,所以我们现在看到的教育问题,未来10年都不太可能有大的改变。每一个家长的价值观不同,可以有多种选择,在国内上大学也不错。总之,适合就行。

还记得我前面分享的"以终为始"这个理念吗?家长在做生涯选择,你们的孩子是上国际学校还是公立学校,取决于家长是否确定孩子是出国读大学还是在国内读,这个大方向先确定,后面的选择就变得很容易了。

案例二:

一个高一的孩子,确定了参加高考后,该如何选大学里的专业呢?

传统思维，将来选大学和专业，首先挑好专业，再看哪个学校有这个专业，再去看是不是"985""211"，最后倒逼出哪个大学。

我的建议正好相反。先选城市，然后选学校，成绩好当然冲"985"或"211"，最后再选相对喜欢或者容易就业的专业。专业不等于前景，专业也不等于工作，70%的职场人没有从事和专业对口的工作，特别是文科、商科类。大学在小城市对未来就业求职影响很大，城市当然是越发达越好，最好是"北上广深杭"，其次是武汉、成都、西安、南京等这种二线省会城市。在步入社会后，一个人的眼界和视野，还有思维模式显然比一纸文凭和分数重要百倍。

案例三：

一位职场白领，孩子3岁起就到处上兴趣班，上小学后每个周末辗转三个地方上培优班。她跟我说，自从有了孩子，白天自己要上班，晚上要辅导孩子做作业到11点，周末两天到处上培优班，整个人疲惫不堪，关键是孩子的成绩总上不去，特别焦虑。

为什么中国的父母过得这么累？我在本书第二章"人生全局观"中讲到"父母的角色"时阐述了我的观点，如果你赞同我的观点，就会像我一样并不觉得太累。我女儿已经16岁了，我一直视她为独立的个体，尽我最大所能，照顾她、引领她，不过多参与她的角色。比如，学习是她的事情，跟我无关，我每天有自己的工作和学习任务，我没有时间坐旁边盯着她写作业。我尽一个妈妈的责任——提醒她好好学习，创造好的学习环境，也努力工作赚了送她去国外读书留学的钱，带她出国旅行见世面，带她做公益体验不同人生，至于她有没有好好学习、有没有把握这么好的机会，以后她的人生过得好不好，是她的事情。我首先要努力把我自己的人生过好。

二、留学生的职业生涯规划

根据教育部数据显示，2017届全国普通高校毕业生预计达795万人，相比2016年（765万人）增加30万人。另外，据2017年留学人员回国服务工

世界500强HR人生管理笔记

作部际联席会议公布的数据，截至2016年年底，我国留学回国人员总数达265.11万人，仅2016年就有43.25万留学人员回国，较2012年增长15.96万人，增幅达58.48%。"90后"海归占据相当大的比例，新增留学生人数已经超过高校毕业生增量。

现在越来越多的中国家庭想把子女培养成国际人才，享受到更好的教育资源，因此都选择让孩子出国留学。但是，现在欧美各国收紧了签证制度，留学生完成学业以后能留在当地工作的机会很少，面对国内日益增加的工作压力，光靠一张国外的文凭而没有工作经验也是远远不够的。

我本人20年前开始学习职业生涯规划课程，我把学到的科学、先进的理念用在自己身上。20年后的今天，我已经全部实现了24岁时给自己定的人生梦想，就像前面我提到的教育的真正终点是让孩子有能力过上想要的生活。我这一生过上了我自己想要的生活。接下来，我就要把所学的用在我的孩子身上。我先讲讲我为什么定的规划是孩子高中毕业送去国外读书。

为什么出国留学？

首先，人生最重要就是经历和体验。电影《霍比特人》里Gandalf对Bilbo Baggins说："世界并不在你的地图与笔记里……当你回来时，你从此与众不同。"正所谓"读万卷书不如行万里路"，我们应该见识到更多可能性。

其次，出国留学是一种被放到任何国家、任何人都不认识的地方都能生存的能力。留学的经历能培养你独立思考、决策、独立生活的习惯和能力，这足以让一个人受益终生。

再次，西方教育原则是学术独立，人格尊重，理解宽容。西方人强调个人在集体中的独立，中国人强调个人在集体中的联系。西方人一般"不轻易评判"其他人。不尊重他人的人在西方文化里很令人讨厌。尊重他人大致包括不抱怨，不影响他人，不麻烦他人，不强迫他人接受自己的观点，不轻易评判别人，等等。在中国，大多数家长希望孩子好好念书，以后有事业、有家庭、有车有房，这样的生活才是应有的人生，才算是成功。而对其他各种各样的人缺乏包容心，喜欢用集体的价值观去评判别人的对错，这可能也是

缺乏想象力和创新的一个原因——只求同，不存异。留学还会让你体会到，西方所崇尚的贵族精神不是"暴发户精神"，富与贵不是一回事。这是一种以荣誉、责任、表率、勇气、克制、自律、奉献等一系列价值为核心的精神。幼稚止于成熟，止于务实。

最后，留学可谓"真正的逆境教育"。接受挫折不是去接受这个世界的黑暗或者不平等，最重要的是学会自己挑战生活。大多数西方人都是心态良好、充满正能量的人，懂得要竞争更要有风度的道理。他们就算有时抱怨自己的失礼，或者国家政策，或者他人，但茶余饭后的话题更多的是如何更好地去享受生活，如何从头再来，如何去尝试不同的新鲜事物，对于这个世界的爱和乐观永远都是成功的必要基础。

留学从来就没有一个统一的定义，每一个人的留学亦是生活，都是独一无二的，究竟什么样全凭自己决定，全由自己把握。不管到哪里，你是什么样，你的社会就是什么样；你什么样，你留的学就是什么样。留学让你看到更大的世界，想留下的留下，想回家的回家，想前行的前行，不管选择什么，都要付出努力。出国，只是多了见识，多了选项，也许这就是意义本身。

面对人生的挑战，结果总是难以预测。所以，留学、移民都不是我们孩子们的最终目标，只是人生一个个里程碑。未来孩子们过好自己的生活，幸福、快乐、健康地过好他们的一生，才是他们人生的终极目标，也是家长的终极目标。

留学规划包括3个方面的内容。一是生活目标规划。留学前生存技能学习、留学中安全技能学习、留学后移民还是回国的选择、未来生活国家和城市的选择、理财规划、婚恋规划等。二是职业生涯规划。目标就业国家和城市选择、目标就业行业选择、目标职业选择、大学期间的实习、假期时的兼职工作、从业资格证考试规划、职业发展路径、就业还是创业选择等。三是学业规划。留学的国家和城市选择、大学和专业的选择、高中选科、学分提分规划、雅思和托福考试及提分规划、高中生自我管理能力提升、通用能力培养等。

早点做规划的好处是不浪费时间、不浪费金钱、不浪费资源，每一位家长都要和孩子一同面对、一同思考，提前规划。下面是我为各位迷茫的家长和准留学生准备的一个如何给孩子做留学规划的思路。

整个留学规划分成3个部分，第一部分是"定位规划"、第二部分是"项目执行"、第三部分是"留学前准备"。

第一部分：定位规划——留学生职业生涯规划五步曲。

留学生职业生涯规划五步曲：第一步，制订人生第一阶段的战略目标（制订未来5年、3年、2年、1年人生阶段性的职业目标）；第二步，探索职业世界（职业的真理、了解行业、职业、企业、岗位）；第三步，探索自我（职业兴趣、职业价值观、性格、能力）；第四步，职业决策和职业定位；第五步，目标设定与行动计划。

每一个步骤要探索出以下成果。

第一步，制订人生第一阶段的战略目标的成果：一是未来是否移民？仅在国外就业几年后再回中国，还是一毕业就回中国就业？大方向上要确定，决定了才好选学校和专业；二是留学的国家选择，国家确定了，才能有针对性地进行研究和准备；三是留学城市的选择，比如偏向大城市还是小城市？有时先定好城市再找大学反而不纠结。

第二步，探索职业世界的成果：本科后直接回国就业。当然，这需要分析、确定回国就业的城市。

第三步，探索自我的成果：一是孩子的职业兴趣倾向；二是孩子的职业价值观；三是孩子的性格倾向；四是孩子的天赋和能力。

第四步，职业决策和职业定位的成果：明白了未来想从事的"行业＋职业＋企业"是什么？有哪些心仪的公司和岗位，以及岗位职责和能力要求？

第五步，目标设定与行动计划的成果：一是大学专业的选择。当然这需要确定方向，商科、工程、文科、理科，明确是哪一科。二是大学的选择。如第一梯队、第二梯队、保底梯队。三是雅思或托福备考计划。四是申请大

第四章 人生智慧——常见生涯规划困惑

学,是自己申请还是找留学中介机构?

第二部分:项目执行阶段。

在项目执行阶段要完成以下工作。一是要提前进行语言培训,参加相关语言考试,一般高二就要开始准备。二是了解目标大学的信息,填写申请表。常见的信息途径有申请留学的相关网站和论坛、大学的官网(比较好的大学都会及时将自己的信息放到网页上),多问问海外的校友和学长。三是按学校要求提供各项成绩(语言成绩和高中成绩等)。四是准备留学文书,包括个人陈述、推荐信、简历等。切忌标准化,在一个孩子的成长过程中,会遇到很多特别的人和事,国外大学招生老师更喜欢看"真实的故事",他们最想看到的是真实的你,而不是包装过的没有特色的你。五是联系学校确认材料信息,及时与学校联系,确认学校是否收到材料以及自己能否被录取。六是准备签证及学费,家长和孩子的签证办理。七是行前各项准备。

第三部分:留学前的准备。

等拿到留学录取通知书后,作为一名家长兼培训师、咨询师,关于出国前的准备工作,我的建议是所有即将出国的留学生都要学习如下四门课程。

第一门课程是留学前"生存技能"的学习和培养。一是学做饭,在国外能生活自理。二是生活好习惯和最常用技能的学习培养,包括打扫卫生、洗衣服、收纳整理技巧,输送"断舍离"理念、极简生活理念等。

第二门课程是留学前"安全技能"的学习和培养。在这个世界上,没有绝对安全的地方,只有相对安全的人。一是掌握有关急救的知识和技能。二是社会常识和法律常识。政府机关与事业单位(比如警察、医生、消防、司法部门、消费者协会、保障学生和女性的民间组织和机构);中国驻当地使领馆;大学内部的学习客服中心;中国人组织的学生会;国外最基本的法律常识(如美国有校园暴力、校园霸凌立法);国外的交通规划。三是如何正确面对黄、赌、毒。它们的危害是什么?如何避免?四是如何正确处理校园歧视和校园霸凌?了解有哪些行为是校园歧视和校园霸凌?国外的法律规定和违法的后果?阅读真实案例。五是掌握性知识。什么叫"性骚扰"?有哪些表现方式？如果遭遇校园内老师或者同学的性骚扰，应采取的正确做法是什么？什么叫"性暴力"，如何避免？万一出现了，如何自我保护？"避孕"的方法有哪些？性变态的坏人有哪几种？六是正确的婚恋观。给自己的"另一半"画个像，明确自己的婚恋观。七是国外交友。交友的原则有哪些？如何辨别和选择校园内外的朋友以避免交友不慎导致的自身人身危险？了解各种聚会、夜店、网络游戏、健身房等方面的交友情况。八是校园诈骗案。有哪些常见的诈骗案（如金融诈骗）？发生过哪些具体的案例？如何避免上当受骗？九是学习各种危险环境下的自救知识和技能，知道该如何应对。比如火灾、洪水、地震、抢劫、绑架、校园枪击、恐怖袭击、车祸风险等。

第三门课程是留学前"自我管理"技能的学习和培养。一是对国外文化的了解、适应和融入。国外的文化风俗习惯（如宗教信仰）、国外社交礼仪（如就餐、聚会）与中国的文化差异、国情差异有哪些？二是正确的人生观和价值观培养，比如学习《高效能人士的七个习惯》。三是个人物品的有序管理。个人证件（如护照、票据）保管，护照万一丢失怎么办？现金、银行卡安全使用。四是情商、人际关系处理能力。诸如有效沟通表达、团队合作、冲突管理、如何和国外媒体打交道等。五是理财能力。基础的理财知识、如何开源和节流？比如出国留学除了要知道去哪里打工赚钱，还要知道这种工值不值得打，能用自己的知识和财富赚什么样的钱？这个思维跟创业很像。六是心理健康。心理学基础知识介绍、抑郁症的介绍，如何提高情绪自我调节能力？留学后可能会有哪些生活和学习的压力？压力如何发泄？自我排解能力、新环境的快速适应能力如何培养？抗挫折能力如何培养？如何提升自信心和自我效能？七是身体健康。了解国外的健身、运动习惯，健康饮食习惯，制订适合自己的健康作息时间表和运动健身计划。

第四门课程是留学前"工作技能"的学习和培养。一是国外鼓励勤工俭学，同时，对未来就业也有好处，可以帮助孩子体谅家长赚钱不易，以获得正确的理财观，并提升人际交流能力和沟通能力。二是对时间管理、目标管理等软技能也有提升。三是兼职、实习经历对未来毕业求职有好处。在国外

最好不要做兼职，比如代购、代考等。有哪些兼职可以做？如果在国外想找更有价值的兼职工作，应该提前学一点职场工作硬技能，如 Word、Excel、PPT 等，以利于探索更多可能性。

三、大学生的生涯规划

本书第三章曾经讲过落地工具，大学生们可以根据其中的步骤给自己做一下规划。下面我列举几个真实案例，都是找我做一对一咨询的在校大学生问得最多的问题，这些问题非常典型。当然，生涯问题从来没有标准答案，只有是否适合你。

案例一：大学毕业时如何选择？

我的建议是大学毕业时有以下 4 种去向。

一是国内考研读研。

我每年去大学开展讲座，每期都有无数同学现场问我要不要考研？我反问他们，你为什么考研，回答大多是"我妈让我考的""我们寝室四个人都在考"等，极少听到"我想考"三个字。如果你的霍兰德职业兴趣测评首选"I"（研究型），加上成绩足够好，学习自觉性高，能沉下心在图书馆看书刷题，从机会成本上分析，你有七八成把握可以考上，那就可以直接考研，如果你选这条路，泡图书馆、学术研究论文发表、读书考试就是主旋律。否则就先就业，工作 5—8 年后，等做到主管或经理级，感觉目前工作岗位上升空间不大，此时可以去学习，可以读在职的硕士学位，还能多发展一些人脉。管理类的职位可以报 MBA；工程、技术类的可以读专业的硕士。

本科直接读研的好处是成本低，年轻，有学习劲头，毕业率高，90% 的职场人等真的上班 5—8 年，已经甘于平庸，没有上进心了，早没有了读书的精神。另外，10% 的职场人是去读书了，但能读完且交完论文拿到毕业证的，也是小部分人。我当然是鼓励你考的，考 MBA 的好处不光体现在升职加薪、跳槽方面，除此还有户口、相亲、面子等各生活层面。

二是出国留学读研，未来移民或者回国。

在国内读完本科，如果家庭条件负担得起留学费用，你可以先让父母供你去国外读研，有一些国家研究生只需一年时间。两个大方向，做学术研究和就业，自己在出国前要提前做好职业定位，否则"海归"回来也未必能顺利就业。来找我做职业咨询的，有人花了家长200万元留学费，后来回国在武汉就业找了一份培训机构英语老师的工作，月薪6000元，投资回报率太低。

如果你选这条路，考雅思、考托福，就要做市场调查，为自己做好求学规划。

三是考公务员，进机关。

首先，公务员很难考；其次，你挤破头进去了，如果没有好的人际关系、运筹能力和好运气，30多岁还进不到实权部门，基本上就一生平庸了。平庸没有错，关键是你要"认命"，自己原本就是一个普通人，过一份普通的日子就好了。有一个32岁的女生找我做咨询，她在事业单位工作8年，没有正式编制，没有管理职务，双硕士，月薪3500元。之所以如此，她认为是自己年轻时太贪图"稳定的工作"。

四是就业求职。

第一是去外企。保持外语学习，像北京、上海有非常好的外企值得去。第二是去民企，包括知名大民企、普通民企、小民企。第三是去国企。有一个来询者，在国企做采购5年，感觉没发展，偷偷地应聘外企和民企的采购岗位，连面试机会都没有，他来找我做咨询。我告诉他，企业HR对那些想从或者刚从稳定的国企出来的人基本上没兴趣。如果你们一个班的45名同学毕业分别去了外企、国企、民企，只需要5年，再次大学同学聚会时，你们的思维模式、人生价值观、工作习惯、做事风格就会截然不同，因为不同的企业文化造就不同的人。每次去校园开展讲座，自由提问环节，都有同学举手问我上面的问题，其实这个问题同样是没有标准答案的，最适合你的就是最好的。此外，对一部分同学的提问，我的回答简单粗暴：有企业要你，给你Offer就不错了，别想太多了，先去做。

第四章 人生智慧——常见生涯规划困惑

如果选择了就业求职这条路，到了大四或研二，搜索世界 500 强、中国 500 强、中国互联网 100 强、所有上市公司，列一张清单，这些公司在你目标就业的城市只要开放有总部、分公司的，校招、社招都参加，盯着它们的招聘广告，猛投简历，争取大四和研三的实习机会，只要简历有实习经验，求职的成功率就会高很多。在大二时，就要网络搜索心仪的目标公司的招聘广告，用我在本书第三章教你的"职业生涯规划五步曲"，好好给自己做一下职业规划和求职规划。

除了上述 4 种选择外，还有一种选择是创业。其实，我从来不建议应届毕业生创业，因为有 99% 的失败率，没必要浪费青春，只有 1% 有特殊天赋的人才适合创业。为什么不建议应届毕业生创业？是因为目前你并没有积累充足的创业经验，也没有成熟的商业计划，更没有资金，这种情况下，最好的选择就进入企业进一步学习。你不一定要进入大公司，为了拓宽视野与思路，找一个企业文化相对成熟和先进的公司、一个愿意提供员工培训的公司、一个有好老板的公司。或者，如果有一个好的创业型公司，你能够作为第一批新员工，参与学习创业之道，那么也是一个值得考虑的选择。

案例二：大学毕业的第一份工作到底重要不重要？

我认为，下面几类工作大学毕业生最好不要去做：

一是不要去做保险业务员，这是欺负盲目的应届生的。不是保险公司不好，而是你太年轻，卖不出保险基本只有一点点底薪，刚毕业的大学生最容易被忽悠去卖保险，这个岗位适合你 35 岁以后做，比如家庭富足的宝妈，或者有好多社会资源的人。做保险两年除了与人沟通的能力能加强一点，其他基本上学不到什么，这行太特殊，你想转行的话，只能去另一家保险公司，想换行业的话，你前面的工作经验很难平移到新行业，那些经验就废了。

二是不要去做房地产顾问。房产公司常常是招 100 个人，一个月后只留 5 个人。做房地产顾问，你目标不外乎就是两年后成为今天给你"打鸡血"的这位小领导的样子，三年后你继续跟他一样去忽悠刚毕业的学弟学妹。

三是不要去做电话销售。因为网络和电话渠道的销售成本低，导致当下各种行业层出不穷，于是电话销售就遍布各行各业。你不一定能分辨出来你老板是不是骗子，这行骗子太多，如果误入传销就麻烦了。另外，确实你学不到什么专业技能，以后转行怎么转。

四是不要去做猎头。猎头的本意是帮大企业招人的高端人才中介。猎头就是另外一种形式的电话销售，这种工作经验没有太大用处。不如学人力资源，考个人力资源师从业资格证，去企业找HR的工作，比猎头有技术含量多了。

五是不要去做银行柜员。中国的金融行业是特殊管制的行业，就这么几家银行可跳槽，银行内部的提升非常困难，不仅有很多业绩指标，最重要的是要"关系到位"。银行柜员99%都是第三方派遣员工，根本不是银行有编制的职员，后面完全没法转行。说炒掉你，你就失业了，而且前面的经验换行业都没用。

当然，如果你来自农村，家中贫困，毕业后急需要赚钱养活自己和家人，再加上你是一个超级喜欢做销售的人，上面所说的工作也可以一试，坏处就是以后的职业发展如果不转行的话没什么发展，而且基本上也难转行。

其实，大学毕业的第一份工作并没有一些人想象得那么重要。我也是大学毕业生，当时也很迷茫，硬着头皮找一份工作，先养活自己，先步入社会。一般来讲，毕业的前两三年，应该换下行业、轮下岗位，真刀真枪地在职场拼杀一下，知己知彼。然后在24—25岁找到你的职业定位，一头扎进去做个十年八年，成为一个领域的专业人士，后面的职业生涯规划也就水到渠成了。

案例三：如何选择工作和生活的城市？

曾经做过一个职业咨询，来询者是一位34岁的女性，她老家在湖北省的一个三四线小城市。10年前师范大学英语专业毕业后，想有更大的发展，就去了深圳的外贸公司做业务员，3年后又想离家近些，就回到了武汉。武汉外贸公司少得可怜，做了3年，感觉不行，工资太低，就又去了深圳，还

在外贸行业。换到这家公司已经34岁了,她发现自己年纪大了,该谈恋爱了,就又回到了武汉,目前在一家5个人的小外贸公司做职员,月薪三四千元。她的大学毕业十年就是这样一份答卷。这个咨询做得我很无奈,感觉自己责任重大,同时感叹还有这么多迷茫的年轻人!一个人的职业选择一步错了就会步步错,时光如流水不等人,因此越年轻越需要思考人生,做好职业规划和人生规划。

选择城市其实很重要。我现在有一点后悔高中三年为什么不再努力一点读书,考上"北上广深"等一线城市的好大学。大学毕业后,为什么不敢胆子再大一点去"北上广深"闯闯,视野宽阔,成就会更大!时光不能倒流,我总结自己的经验分享给你们。

第一,如果你的家乡是省会城市或一二线城市,毕业后直接回家找工作。如果你的大学在省会城市,你也可以大学一毕业就选择继续留在这里。比如我本身是武汉人,在武汉读的大学,毕业了在武汉应聘外企的工作,买房、买车、结婚、生娃,也过得挺好。武汉是大学城,政府出台了好多引才政策、落户政策,这些政策很容易通过学校的就业指导中心获得。

如果你来自小城市、小县城、农村,不要犹豫,去一线大城市,哪里工资高、机会多就去哪里,折腾去吧!给自己5—10年的时间,大城市的就业机会更多,且职位种类齐全。最重要的是和一群比你优秀、比你能吃苦、勤奋又上进的人待在一起,你也会充满斗志,这个非常重要。干到30—32岁,可以考虑回到自己家乡所在的这个省的省会城市或省内发达城市。这个城市也是以后定居的城市。

第二,一线大城市房价高得离谱,没必要一辈子当房奴而损失生活品质,在一线城市努力工作提升工作技能的同时,多赚钱、学理财、存钱,不要当"月光族"。等工作5年左右,自己小有积蓄或父母补贴一点,在未来要生活的家乡省会城市用商业贷款买个五六十平方米的小房子,轻松付完首付,月贷以你一线城市的月薪来还,完全没有压力。还房贷是一个特别好的存钱方式。

第三，等你30岁左右，带着一身本领从一线城市回归到二线、三线城市，找到当地的猎头公司。我做HR时，招聘中高管，非常喜欢这批回流的员工。企业更喜欢来自大城市的经验，这个经验不光指工作能力，更多的是职业化素养，还有眼界。HR还看重你的工作稳定性，你漂泊过，体验过，心定了，工作上自然就不浮夸。

第四，回归到省会城市或发达的省内城市，父母快60岁了，每周多陪陪他们，法定节假日享受下家庭之乐，此时，你也有自己的婚前财产，有房子，在中国人的观念里，才真正是这个城市的人。等找到工作后，就可以谈谈恋爱生个娃啥的。如果对方也是这样规划的，两个小房子，卖一套、租一套，买个10多万元的代步车，再买个100平方米左右的三室一厅，两个人供房贷轻松得很。你瞧，30多岁就可以过上有房有车的幸福生活！

案例四：招聘经理最喜欢录取什么样的人？

我在外企做招聘经理时，我身边的HR常常抱怨找不到适合某岗位的最佳人选，但又不能去大学里寻找，因为学生没有竞争力。确实，在我们的调查中，60%的雇主抱怨职位申请者缺乏人际沟通能力。申请者可以通过微积分考试，却无法发现或者解决工作中出现的问题，也无法与人谈判或者主持会议。对于大学生来说，这些只能通过实践经验获得的软实力，会取代你的学时、学期，真正成为学习的标准。

下面我来讲讲我去高校招聘时被录取的大学生身上的特质。

一是职业规划相对清晰的大学生。有一个中南财大的大学生，鞋子很破很旧，坐在我对面时有一点点局促，聊了几分钟就好了，他来自湖北的大山里面，全村第一个大学生。他来应聘财务岗位，他面试中表现最好的地方，就是回答我的问题，提到他对自己未来职业规划时，他说，他已经在备考注册会计师，他请教了不下20名财大毕业的师哥师姐，了解到他们的专业有8个就业方向——会计师和审计师事务所，投资银行，商业银行，咨询公司，政府机关、中国人民银行、审计署、证监会、保监会、银监会等，世界500强等跨国公司财务部、审计部，国有大中型企业（央企），中国的国有大中

型企业是高级财务人员,其他的有评估公司、评级公司、律师事务所。经过综合自己的分析结果,他更适合做企业的会计工作,而且有一个五年规划,所以,看到我们公司的招聘广告就来了。

二是自律的大学生。有一个女生,大一入校时体重160斤,面试时坐在我对面,看起来也就110斤的样子,讲起她是如何在大学四年瘦下来的,她很兴奋,我也是。她一定是一个在学习、工作、生活方面对自己有严格要求的人,她还每天晚上去操场跑步,坚持学英语。她是工商管理系的,每年寒暑假打工或者做义工,时间排得满满的。即使和我们录取的岗位专业不对口,但我们很愿意录取她。

三是心态积极的大学生。积极阳光的个性,即使看一件坏事也能看到其积极的一面。有一个男生在大一时和寝室的同学价值观、作息习惯都不同,经过争吵、冷战、自省、沟通、融入的过程,他所在学校是学风不太好的三本院校,沉迷游戏、自暴自弃的同学居多,他也曾一度颓废,但是他后来战胜心魔,奋发读书,积极参加校外实践。

四是心智成熟、独立思考的大学生。不再单纯天真得令人担心,不再以自我为中心,成熟可能是面试官最想看到的个性特征,尤其是对于应届毕业生。刚毕业的大学生是最不成熟的,张口闭口说"我",并且感觉是理所当然的。比如,"我喜欢富有挑战性的工作""我具有领导能力"……其实,一个成熟的职场人,更多的时候会说"工作",比如,"工作要求我应对挑战,我就会拼尽全力去应对""工作需要我领导一个项目的时候,我乐于承担任务并且有能力胜任。如果工作不需要我担任一个领导者,我会乐于做一个被领导者,因为,我是谁并不重要,重要的是,大家一起可以把工作做好。"多读书,不要做一个思想幼稚的人,要做一个有思想的、独立的人。

五是具备扎实的专业知识,并有一些不错的实践技能的大学生。不一定要和你的专业对口,对有一些企业的岗位来说,更看重的是你是不是真的探索出了你的职业兴趣,并在大学期间,为了四年后的求职专业你做了什么行动没有?

六是沟通表达能力好，有学习力的大学生。大一大二时参加社团和学生会工作还是非常有必要的，软能力只有实践出真知，能向面试官证明，你大学四年做了什么以及提高了什么能力。

七是做事有目标性、计划性，有执行力的大学生。有一个理工生，面试时，我问他有没有特"牛"的事，他说，大二骑行青藏线，22天从武汉骑到拉萨，一路的艰辛故事讲给我听，我听完就把他录取了。现在，他已经是那家公司的销售总监。

看完上面的故事，你是不是也要思考下，自己的大学四年如何过才能又有意义又能让大四的你从容就业？而这也正是我接下来要讲的问题。

案例五：大学四年怎么有意义地度过？

这个问题，去每一所大学演讲时，我都会花半个小时给大一大二的同学们分享我的心得，虽然不一定人人都能听得进去。大学应该怎么过？大学最大的意义，就是教会你如何认识你自己，让你变得比昨天更好。

如果我大学可以重读，我会做这样的一些事情，下面列出来供你参考：

一是和一群聪明人在一起。找到大学里面一帮很聪明甚至很奇葩的人，他们会给你很多信息、很多启发，也能从他们身上学到不少思维和做事的方法。总之，有机会尽量跟最厉害的人在一起。

二是早点意识到现在的专业到底毕业后会不会从事。在大一，最晚大二时，就要探索出未来有可能进入的2—3个行业和职业，然后多结交校外业内前辈，大二确定下方向，业余时间可以看书学习，也可以修第二专业，或者考证。

三是参加一些可以提高沟通表达、领导力的社团，结交兴趣相投的朋友，在我自己感兴趣或者对自己就业有帮助的社团中挑选一两个加入。也要积极参加班级、学校的活动，大方自然地与同学相处，多社交，提高情商。

四是一直坚持英语学习，语言可以带来更多的资讯和机会。

五是谈一场纯粹的校园恋爱，不管结局。

六是不找做家教的兼职，多找校外和未来就业方向有关系的兼职工作，

不管有没有收入、收入是多是少，多工作、多经历、多实践。

七是开始健身，每天坚持运动，健康的体魄和修长的身材都要有。女生要学化妆学打扮，提高颜值。说句实话，面试官有时真的看脸决定是否录取。

八是大量阅读，各种类型多涉猎，多花一些时间在图书馆，搭建自己的知识框架。多读书，能提升格局，要比同龄人思想成熟。同时，可以借鉴书中的趣闻和知识，在今后的道路上受益无穷。

九是学习几项兴趣特长，比如演讲、辩论、写作、主持、唱歌、跳舞等，多尝试，然后选定一两项来刻意练习，培养一个"拿得出手"的兴趣爱好。有一个"拿得出手"的兴趣爱好不仅可以让自己的生活更加精彩，也会给今后的职场加分。

十是大四考驾照，大一大二多考点证书，考证书其实是多了解一些领域的手段。

十一是旅行，穷游中国，多花一些时间游山玩水。让身心在美妙的旅途中得到放松；让眼界在山山水水中得到开阔；让心灵在每一次清风拂过时得到洗涤；让青春在每一次按下快门时完美定格。

十二是成为一名交换生，去其他学校交流。甚至出国读一年书也是极好的。

十三是不要花太多时间和精力学习大学课程，能及格、不挂科就好，如果把心思和精力都放在了学业上，会因此错过很多美好的事情和经历。

如今再回顾大学四年的生活，那些留下深刻印象的，与学习成绩一点关系都没有。相反，是那些人、那些感情。最弥足珍贵的，永远是人和人之间的感情。当然，如果我的高中可以重来，我一定好好学习，考上一线城市的一流大学。在哪个城市上学，会影响你的眼界，进而影响你的人生。

第二节 女性的职业生涯规划

一、职场女白领生孩子和升职的困惑

职场女白领是生孩子还是升职？生孩子生几个？何时生？这些问题非常常见，来找我做咨询的女性，如果年纪在 28—35 岁，好多都卡在了生孩子、生几个孩子的问题上。

女性在职场上的劣势还在于生理上的一些特点，比如单身的女性可能有恋爱结婚的需求，多少影响点工作，而结婚的女性有生孩子的需求，这对企业也是一个负担，所以企业可以接收一个工作多年的女性怀孕生子，却非常害怕一入职就怀孕的情况。女性对于这些要有相应的安排，因为怀孕和生育至少要耽误一年半左右的职业生涯，在之后一年哺乳期的时间里都很难全力以赴，好多女性的职业生涯一般是在这里出现了断层，放弃适龄时间结婚、生娃的一般都会得到升迁，所以出现了好多"剩女"和大龄未育妈妈。

二、"职场妈妈重出江湖"计划

一般来说，职场男性更偏理性，职场女性更为感性，女性在格局和远见上会有很大的局限，但在情感和细节上是远胜于男性，企业更喜欢录取已婚已育的女性。在这里，我有一个纯个人经验分享，供职场女生们参考。

女生一般大学毕业大约 21—22 岁，工作两三年后，争取最晚在 24 岁左右，找到你热爱、擅长、喜欢的行业和职业，然后全情投入地做，一直做到你 30 岁。这中间大约有七八年，把你这个专业领域的理论知识，包括必考的证书、必修的学历，趁现在还年轻没有太多家庭琐事，早些获得。同

第四章 人生智慧——常见生涯规划困惑

时,坚持运动锻炼,保持好身材和好体力,也不要忘记读书学习、培养艺术情操,至少让自己成为一个有趣的人,内外兼修,在工作和生活中寻找男朋友,认真地谈场恋爱。

这个阶段,工作比重占70%,生活、爱情、休闲、娱乐占30%,29—30岁两个人结婚,31—32岁完成生孩子的人生大事。千万不要做全职太太,选择与社会脱节是女人最蠢的生涯决策。产假的4个月和孩子1周岁之前,老婆和母亲这个角色投入50%,工作只占50%,维持着就行,你已经为公司服务了5年以上,你有资格享受国家给的福利——生育保险和津贴,还有产假。孩子满周岁后,如果你们双方的父母愿意帮忙带下宝宝,或者请保姆,此时的你,要尽快收心回到职场、回到岗位,如果原公司没有好的职位,你生孩子前累积的七八年的行业和岗位经验加上已婚已育的身份,非常容易跳槽重新就业。我为此取的名词叫作"职场妈妈重出江湖"。

这样的时间规划的好处有五点:第一,你在生孩子之前,就已经在这个行业和岗位上至少有七八年积累,算大半个专业人士了,有生完孩子重出江湖找工作的资本。第二,你的21—29岁,工作、生活、学习排得满满当当的,你会过得很充实且有成就感,女人的美丽除了面容和身材,更重要的是骨子里面散发出来的魅力。第三,宝宝出生时,你们夫妻俩都已经有了8年左右工作的积蓄,如果你们俩赚钱和理财水平高的话,可以从容地迎接宝宝,宝宝一出生,能给他更好的物质环境。第四,心智比较成熟的父母,孩子的养育和教育起点就比较高。第五,32岁的你重返职场后,未来从32—38岁,你还有五六年黄金积累和拼搏期,大局已定,心无旁骛,大胆追求事业。

说实话,我就是按照这个时间节点,什么也没有耽误,从容地完成了一件女人的人生大事。我怀孕10个月,一直坚持上班,一个周五下午,我挺着9个多月的大肚子和同事们从写字楼出来,开心地挥手说"拜拜,下周一见",当天晚上去参加我初中同学的婚礼,见到了十几年前的老同学,好开心。心情一好,席间胃口大开,敞开怀了吃,9个多月的大肚子,还有15天预产期，结果，不知道是不是吃"嗨"了，到了当晚夜里3点就肚子疼，赶紧送去医院。医生问哪不舒服，我羞愧地说晚上吃"嗨"了，肚子好胀。检查完，医生说快生了，于是送进了产房。那年我30岁，顺产，第二天中午12点女儿出生，7斤重，眼睫毛极长。顿时我就轻松一大截（躺在产房里，查了一下存款余额，还有8万元，一出院，去4S店买回来人生第一台车，大红色的千里马）。周一，我给同事打电话说我生完了，快来医院看我，竟然没一个人相信。

产假不是有四个月吗？我就第一个月老老实实待在家中休息，第二个月，已经恢复得不错了。当了妈妈突然就成熟了，很想给家人和孩子选择一款适合的商业保险（突然就有了保险意识，以前曾经被推销过N次，都没买）。我是一个喜欢研究的人，我不像一般人的做法，打电话叫一个业务员来。NO，这不是我的风格！反正在家闲着也是闲着，我找到一家离我家最近的保险公司，面试入职，先去总部参加一个为期10天的培训，然后参加当月的一个"保险代理人"资格证的考试，好好学习了一下保险的知识，成了半个专家。第一个月考到证书，第二个月上岗，上级就让我们这样的新业务员出去"展业"。每天早上8点钟打卡开晨会，晚上5点钟打卡开总结会，中间自由时间我就回家休息、带宝宝。3个月的保险业务员经历每个月开一单，第一个月买我自己的，第二个月买先生的，第三个月买女儿的保险，从上百个险种中认真分析，为自己和家人选了最适合的。我的上级开心得很，以为他挖掘了一个保险"黑马"人才，谁知，我做满3个月就辞职了，因为产假休完了，要回公司上班了。这3个月还赚了3600元的底薪，买的3个险种还有好几千元的销售佣金，真是划算！

当妈妈是一个很幸福的体验，陪伴孩子一起成长虽然也有烦恼，但这些都终将变成美好的回忆。不过，我的另一个观点是，生一个孩子就够了，我们还有其他的9种人生角色，需要我们花时间、花精力去体验。当然，这仅仅代表我个人的观点。总之，女人一定要有一份属于自己的工作或事业，只有经济独立，才能人格独立、感情独立。

第四章　人生智慧——常见生涯规划困惑

第三节　职场人的职业生涯规划

一、工作倦怠，如何重拾工作激情

找我做咨询的职场人，这个问题最多："工作快10年了，工作倦怠，不想上班，如何重拾工作激情？"

对于工作倦怠的问题，只有两种解决方法，第一种是做一下职业价值观测试，看看你的工作倦怠到了何种程度，是必须跳槽、一刻也不能忍，还是可以将就？如果是必须跳槽，做完全套"职业生涯规划五步曲"，重新梳理人生下一阶段的目标、职业定位，做好求职规划。第二种是可以将就，而且到了这个年纪有许多制约因素已经不适合换行业换工作，成本太高，那解决方法就是，一方面尽力做好主业，另一方面在工作之外开展副业和投资理财。我们前面讲过，"工作者"只是人生十大角色之一，不可能一个角色就让一个人找到成就感和满意感，你可以通过其他的兴趣爱好、第二职业去开发自己的角色。对个体来说，最重要的就是挖掘自身独特且可以迁移的能力，必将其外化出来形成积极的影响力，有效管理个人品牌，打造无法复制的职业优势。

二、是继续做职业经理人还是出来创业

除了工作倦怠的问题，"我是继续做职业经理人还是出来创业？"这个问题也有许多人咨询。

我也是一名创业者，我每年还会给创业者开展一些公益讲座，我分享一下我对创业成功率的理解，因为看过身边太多失败案例，做一点小结。当

然，如果创业是你的心中梦想，每天都萦绕心头，寝食难安，并且你为此实际动手做了一系列准备工作，那我当然支持和鼓励你去创业。

第一，创始人的能力决定企业的高度。作为一位初创公司的发起人，个人的眼光与思考格局，决定了战略规划的成败，而创始人性格与心胸决定了战术落地的执行情况。

第二，商业模式决定了市场的先机，决定了创业成败。在商业模式创新方面主要有两种情况，一类属于技术驱动型，而另一类属于商业驱动型。

第三，创始合伙人和管理团队的互补性决定企业能走多远。创始团队成员之间的性格互补、专业互补，能降低团队之间的摩擦，增进彼此的信任，专业性能减少团队之间因相互质疑产生的内耗。对于初创型企业而言，如果拥有互补型团队，便能够将创业的成功率放大数倍。

第四，公司运营管理能力。创业公司也要有自己的企业愿景、使命和价值观。要有组织管理和人力资源体系建设能力。因为执行力决定了团队的战斗力，拥有较强的执行监督措施及纠正机制，确保执行力的到位是关键。

第五，营销能力。营销出身的创业者成功率会比技术和运营出身的成功率高。营销是骨子里面自带的气质，后天很难培养。

三、人生最重要的就是经历和体验

世界是一个绚丽的舞台，每一个人都是主角，演绎着自己的故事。或许你的故事并不是很精彩，也不是很成功，但也要记得为自己鼓掌，为自己喝彩。

人生的路，说长不长说短不短，只有你痛苦过、幸福过、哭过、笑过，才真正显示出人生"本真"的魅力。生命中的各种体验犹如不同的风景，它们会给人生带来各样的感受。生活就是经历，幸福总在路上。

一个人以往的经历和事件常常决定了他目前的行为，而且影响永远难以改变！

遗憾是正常的，我们都会有遗憾。在我们20岁出头的时候，在我们做出关于放弃各种各样选择机会的时候，遗憾就开始累积。我们会追求一种关

第四章 人生智慧——常见生涯规划困惑

系，要舍弃另一种，选择一个专业而放弃其他专业，这都是我们所说的欲望在作怪。

对未能探索的领域的遗憾总是让人感到痛苦，那些不想改变的人，究其原因是因为有许多外部的障碍，比如金钱和生活条件。改变的主要障碍在于他们大多缺乏自信心，并怀疑自身的能力能否带给他们渴望的美好结果，他们总是停留在遗憾、失望和难过的状态中。

人生就像一场旅行，好多人往往不知道要去哪儿，因为路上有太多不同的风景，有些人往往偏离自己原有的轨道，你以为有些人会陪你一辈子，结果往往陪你走了一段就分开了。你还会发现，你之后遇到很多风景，是因为之前岔路的小小选择。走的距离长短和努力有关，走的方向和选择有关。

所以说，人生也是一场修行。

不管怎么走，方向明确就勇敢地大步向前，碰到岔道口，步子放慢一点，享受当下的美景。甚至，我们可以稍做停留，站在一个路边的小山坡上，吹吹风，抬头看看远方，思考一下，再出发。

人生最艰难的抉择、最难走的路，永远只能由你自己来勇敢面对！

过去已经过去，无法改变，未来却可以。

后 记

终于写完这本书，无论这本书是不是畅销，我都觉得自己成功了，因为出一本书就是我的人生目标之一，而这正好也是实现另一个更大、更重要目标的方法——帮助他人热爱自己的工作和生活。我真心希望我的人生实践能在某些方面启发你、帮助你和激励你。

在前言中我提到，这本书就是自己46年的"艳遇"人生的实践总结，希望我的思考和实践，能给还在迷茫困顿中的你们一些启发。从此，你也可以和我一样幸福地过上自己想要的生活！什么叫成功，完成自己定的目标就是成功。所以，人人都能成功。

人生其实说简单也简单，就是"有人爱、有事做、有期待"。如果你有期待，内心就永远会有目标和想法，就会像永远停不下来的发动机，有使不完的劲儿。每个人内心不断有追求和期待就是幸福的源泉。机会垂青有准备的头脑，希望本书能让你们的人生更精彩！

致 谢

在这里，我要特别感谢一些人，能够得到他们的帮助和支持，是我一生的荣幸。

感谢北京的白玲老师！在我还是职场"小白"时偶然在电视上看到并认识您，您的专业让我折服，也引领我越来越热爱自己的专业，特别是在我受挫孤独无助的时候，您的电话和拥抱温暖了我的心。

感谢古典老师！您太睿智，您为中国生涯规划事业做出的贡献无人能及，和您相处的时间短暂而美好，您的思想已经影响了中国一代的生涯规划从业者，您就是那个灯塔。

感谢李笑来老师、秋叶老师、萧秋水老师、李春雨老师、马华兴老师、赵昂老师、王鹏程老师、王晰璐老师、魏子越老师、周平老师、阿何老师、中国台湾的金树人老师和吴芝仪老师。还有很多很多我的良师益友们，你们的渊博知识、聪明才智以及高尚的人格让我受益匪浅，带给我很多启发，和你们交往是我无上的享受，我非常荣幸在成长过程中能够得到你们的帮助。

感谢上海的 Catherine、Ross 和香港的 Bryan、Eva、Simon、David，没有你们的慧眼，我进不了飞利浦这么好的公司、这么好的平台；感谢飞利浦小家电华中区的每位同事，我和你们一起度过了 7 年最青春、最有活力的日子，每次回忆都让我感动得想哭，那是我们永远的青春记忆！

感谢沃尔玛武汉 1003 店的同事，Jacky、Eric，还有我的 5 位 HR 同事，我们共事 3 年，欢声笑语。

感谢百事食品武汉办事处的同事，那时候我们真年轻，那时候的"奇多"真好吃。

世界500强HR人生管理笔记

感谢我创业后一路遇到的HR前辈、HR同行，感谢所有越秀人力资源公司曾经的和现在的同事，还有18000名越秀新老学员。

感谢北森GCDF第十期的任课老师和全班同学，那个七天七夜相伴学习和讨论，一起思考人生的场景让我终生难忘。

感谢环游世界旅途中遇到的旅伴们！每次我出门旅行都发朋友圈说"我去思考人生了"。还真是，思考人生最好的方法就是在路上！去见大山大海！感谢2015年1月我们一群人勇敢地踏上去往南极的挪威破冰船，那18天隔世的旅行仿佛就在昨天，18天看到了我们一生中最纯、最美的景致，中国十几亿人，只有我们45个人在那条船上，不要忘记我们的约定——20年后再闯南极！2035年南极见！

感谢每年跟我去山区贫困小学参加"多背一公斤活动"的志愿者，你们的名字我甚至都叫不上来，但你们的笑容是多么熟悉，每当我发出邀请，你们相信我这个未曾谋面的发起人，都会无私地捐款捐物，并和我们一起去山村的小学，为孩子们做点实事，还一直坚持了10年。我还会坚持下去的！

感谢我的家人！我的父母一直以来给我的理解和关爱。我继承了母亲独立、自强、坚韧、善良的好基因，谢谢母亲，这些很宝贵。还有我可爱的女儿刘颂扬，看到你，妈妈时时刻刻都感到好幸福，祝你快点探索到自己的人生梦想，开创你自己未来的美好人生！还要感谢我最爱的老公！谢谢你放弃了很多，无私地爱我，我爱你！

感谢本书的读者们！我很荣幸，能将本书和书中的理念同大家分享，感谢各位把宝贵的时间和精力用在这里。希望不辜负你的翻阅，相信我们在不久的未来一定可以相见。

人相遇，字相见，网络上擦身而过，这都是缘分！

人生，就像是一列火车，每一站都会有人上车，也会有人下车，不是每个人都会陪你走到终点。感谢人生旅途中陪我看风景的每一个人。我爱你们！衷心祝你们每个人的人生都幸福美满！